历史的丰碑丛书

积极行动的浪漫主义诗人
拜 伦

孔朝蓬 张福贵 编著

文学艺术家卷

吉林人民出版社

图书在版编目(CIP)数据

积极行动的浪漫主义诗人——拜伦 / 孔朝蓬, 张福贵编著. -- 长春：吉林人民出版社, 2011.4（2025.4 重印）
（历史的丰碑丛书）
ISBN 978-7-206-07644-2

Ⅰ.①积… Ⅱ.①孔… ②张… Ⅲ.①拜伦，G.G.（1788～1824）—生平事迹—青年读物②拜伦，G.G.（1788～1824）—生平事迹—少年读物 Ⅳ.
①K835.615.6-49

中国版本图书馆 CIP 数据核字 (2011) 第 037500 号

积极行动的浪漫主义诗人 拜伦
JIJI XINGDONG DE LANGMAN ZHUYI SHIREN　BAILUN

编　　著：孔朝蓬　张福贵
责任编辑：孙　一　　　　封面设计：孙浩瀚
制　　作：吉林人民出版社图文设计印务中心
吉林人民出版社出版 发行（长春市人民大街7548号 邮政编码：130022）
印　　刷：北京一鑫印务有限责任公司
开　　本：787mm×1092mm　　1/16
印　张：8　　　　字　数：72千字
标准书号：ISBN 978-7-206-07644-2
版　次：2011年4月第1版　　印　次：2025年4月第3次印刷
定　价：35.00元

如发现印装质量问题，影响阅读，请与出版社联系调换。

编者的话

"欲知大道，必先为史"。

回溯人类的足迹，人们首先看到的总是那些在其各自背景和时点上标志着社会高度和进步里程的伟大人物。他们是历史的丰碑，是后世之鉴。

黑格尔说："无疑，一个时代的杰出个人是特性，一般说来，就反映了这个时代的总的精神。"普希金说："跟随伟大人物的思想是一门引人入胜的科学。"

以史为鉴，面向未来。作为21世纪的继往开来者，我们觉得，在知史基础上具有宽广的知识结构、开阔的胸襟和敏锐的洞察力应是首要的素质要求，而在历史的大背景

◆ 历史的丰碑丛书

中追寻丰碑人物的思想、风范和足迹，应是知史的捷径。

考虑到现代人时间的宝贵，我们期盼以尽量精短的篇幅容纳尽量丰富的信息，展现尽量宏大的历史画卷和历史规律。为此，我们编撰了这套丛书。

编撰丛书的过程，也是纵览历代风云、伴随伟人心路、吸收历史营养的过程。沉心于书页，我们随处感受着各历史时期伟大人物所体现的推动历史进步的人类征服力量。我们随着伟人命运及事业的坎坷与辉煌而悲喜，为他们思想的深邃精湛、行为的大气脱俗而会意感慨、拍案叫绝。

然而，在思想开始远游和精神获得享受的同时，我们也随之感受到历史脚步的沉重

编者的话

和历史过程的曲折。社会每前进一步都是艰难的，都伴随着巨大的痛苦和付出。历史的伟大在于它最终走向进步，最终在血污中诞生了鲜活的"婴孩"。

历史有继承性和局限性，不能凭空创造。伟人也有血肉，他们的思想、行为因此注定了同样具有历史的局限性和阶级的、时代的烙印；他们的功业建立于千千万万广大人民群众伟大创造的基础上。历史是人民群众创造的，伟大的人物们是历史和时代造就的。同时，我们也无法否定此间他们个人的努力。这也正是我们编撰这套丛书的目的。

我们期盼着这套丛书得到社会的认同，对读者，特别是青少年读者之历史感、成就感和使命感的培养有所裨益。史海浩瀚，群

◆ 历史的丰碑丛书

星璀璨。我们以对广大青少年读者负责的精神，精心遴选，以助力青少年成长进步，集结出版了《历史的丰碑》系列丛书，敬请读者批评、指正。

历史的丰碑丛书

编委会

策　划：胡维革　吴铁光
　　　　林　巍　冯子龙
主　编：胡维革　邢万生
副主编：贾淑文　谷艳秋
编　委：（按姓氏笔画为序）
　　　　于二辉　刘士琳
　　　　刘文辉　孙建军
　　　　李艳萍　吴兰萍
　　　　杨九屹　隋　军

歌德说：他是19世纪最伟大的天才。普希金称他为思想界的君王。鲁迅也曾坦言，自己早年对被压迫民族"哀其不幸，怒其不争"，"不克厥敌，战则不止"的思想都源自于他。

他，就是英国19世纪伟大的浪漫主义诗人、革命家——乔治·戈登·拜伦。

他生于贵族之家，却从未得到过家庭的温暖和关爱；他英俊、潇洒，向往真实美好的爱情，却一生都放浪形骸，独受婚恋带来的不幸与痛楚；他是统治阶级的一员，却始终站在民众一边，为民主和自由而大声呼喊；他被自己的祖国放逐，却赢得了全世界人民的敬仰和喜爱；他是以诗为武器的战士，又是作为诗人的将军；他以自己的热血和生命实现了自己的理想；他的生命如流星般迅疾，却迸发出耀眼的光芒，他以自己坦荡、无私的胸怀照亮了几个时代。

目　录

纽斯台德家族的跛脚美少年　　　　　◎ 001

哈罗公学的拜伦勋爵　　　　　　　　◎ 014

剑桥大学的风流诗人　　　　　　　　◎ 028

"恰尔德·哈洛尔德"的浪漫之旅　　　◎ 040

不幸的婚恋生活　　　　　　　　　　◎ 063

最终的漂泊与《堂璜》　　　　　　　◎ 081

献身希腊的英雄　　　　　　　　　　◎ 106

历史的丰碑丛书

纽斯台德家族的跛脚美少年

> 不管发生什么情况，我都将和纽斯台德沉浮与共。
>
> ——拜伦

在一望无际的北大西洋的浩渺波涛中，镶嵌着3个紧紧相连的岛屿，它们就是英格兰、苏格兰和威尔士，合在一起称为英伦三岛。从11世纪被法国的诺曼底公爵征服，到16世纪成为强大的日不落帝国，再到18世纪的工业革命，没有人数得清这个古老的国度孕育了多少人类文明，又涌现了多少杰出的人物。

现在，让我们循着历史的痕迹去探寻一位英雄、伟大的诗人——拜伦的人生足迹。

在伦敦西北有一个叫诺丁汉的小城，在小城不远的山谷里，幽僻的山林中有一座叫纽斯台德的修道院，这是一座灰色的、气象森严而又小巧精致的小楼。在周围的青山绿树、溪水清泉的掩映下，它更显得优雅、安宁。

纽斯台德修道院是12世纪时的英王亨利二世向教

皇许愿捐资建造的，取名"纽斯台德"，意为"新的地方"。到了亨利八世时，纽斯台德修道院被收归国有，并于1340年，以800镑的价钱卖给了忠实的臣子约翰·拜伦爵士。

拜伦家族是英国最古老的家族之一，是和"征服者威廉"一起从法国诺曼底渡海来到英国的。这个家族在十字军远征中，曾立过显赫的战功。他们所尊奉的格言是"信赖拜伦"，也就是凡事要靠自己的勇气和力量。

← 拜伦像

这个家族的古训似乎已渗透到子孙们的血液中。约100年后，拜伦家族又有一位和祖先一样以勇气和战功受封为男爵，被称为拜伦勋爵。

于是，拜伦家族日益繁盛壮大起来。他们拥有广阔的森林、农场和耕地，成了纽斯台德显赫的贵族。只是，那座哥特式的纽斯台德修道院早已被改造成"布满战壕"的城堡了。虽然如此，在四周环绕的池塘、葱郁的橡树、栗树和枞树的映衬下，在落日余晖的柔光里，人们依然可以看出它最初的典雅和庄严来。

　　但拜伦家族却像夕阳落日一样渐趋黯淡了。第五代拜伦勋爵在酒后的争吵中杀死了他的表弟查沃斯先生，被指控犯杀人罪受到贵族议院的审判。虽然由于贵族的特殊地位受到开脱而被释放，但他却背上了"残酷老爷"的名声，在空旷的城堡中过着带有阴森恐怖色彩的生活。

　　后来，"残酷老爷"的夫人逃离这个地方，而一个女仆却堂而皇之地取代了她的这个空位，村里人把这个女仆称为"贝蒂夫人"。在这位贝蒂夫人的"治理"下，纽斯台德几乎变成了一座猪栏、牛棚、马厩的混合地。"残酷老爷"却不以为然，他还由于对独生儿子的婚姻不满，就尽其所能地毁坏他儿子所应继承的这份产业。他让土地、房屋一天天地荒废下去，而且为了偿还赌债，把价值5000镑的橡树砍了个精光。不仅如此，他又由着性子把树林里的2700头鹿全都杀死。有的时候，这位"残酷老爷"又会"童性"大发地仰卧在石板地上，指挥蟑螂在自己身上爬来爬去。总之，没有人猜得透这个"残酷老爷"又会突发什么奇想，只知道他就会由着性子瞎折腾。

　　这个"残酷老爷"有一个弟弟，也就是我们书中的主人公诗人拜伦的祖父。他是一个英勇豪迈的水手，

后来在海军中一直做到中将。但每次出海，必会遇到风暴，所以人们就叫他"坏天气杰克"。"坏天气杰克"有两个儿子，长子叫约翰·拜伦，也就是诗人拜伦的父亲。他年轻时在军校受过训练，当上了英国陆军的近卫士官，还参加过对美国的战争。约翰·拜伦生性粗暴狂野，而且嗜赌成性，经常债台高筑，所以人们送他一个名副其实的外号"疯子杰克"。但他又以漂亮、豪爽、有侠气而闻名，尤其在女人中总不乏追求者。

约翰·拜伦20岁时从美国回到伦敦，卡尔马瑟女侯爵被他的狂野、迷人风度所迷惑，最后竟抛下作为宫廷大臣的丈夫和3个孩子跟着他私奔了。侯爵夫人从父亲那里继承了每年4000镑的遗产和一幢大宅邸，两人新婚后就搬进了那所大宅里，可是会花钱的"疯子杰克"很快就又使得债主来敲门了。他们不得不逃到了法国。在法国，他们生下了女儿，洪·奥古斯塔·拜伦，她就是诗人拜伦一生中最亲近的同父异母姐姐。没多久，侯爵夫人病死在法国，她每年4000镑的收入也就随之消失了。

约翰·拜伦悄悄地回到了英国。为了散散心，他来到了著名的巴思温泉。在这里他结识了年轻的苏格兰少女凯瑟琳·戈登。凯瑟琳·戈登是苏格兰盖特地

区的名门望族的女子，双亲已病故。但她继承了大约23000镑的财产，其中3000镑是现金。另外，还有盖特的房产、鳟鱼场和阿伯丁银行里的股金。戈登小姐身材矮胖，肤色较深，还长着一个长长的鼻子，根本算不上什么美人。但约翰·拜伦已顾不得这些了，他还有逼人的赌债要偿还呢。凯瑟琳·戈登是他目前最好的选择，至于以后，以后再说吧。而此时，凯瑟琳·戈登也被拜伦上尉燃起了不顾一切的爱情之火。于是，1784年5月13日，他们在巴思举行了婚礼。

结婚后，他们回到了北方，在盖特定居下来。但是"疯子杰克"本性难移，他夜夜狂欢、赌博、嗜酒，没过多久，那笔3000镑的现金就让他挥霍光了。接下来银行里的股份、鳟鱼场也卖掉了。最后，领地里的树林也砍尽卖光了，他们在盖特再也住不下去了。于是，"疯子杰克"又把第二个妻子带到了法国。

在法国，他依然积习难改，挥霍无度又四处调情，日子一天比一天困顿下来。但此时的拜伦夫人依然痴迷于他的英俊、他残忍的真诚和无所顾虑的豪爽。1787年的夏天，拜伦夫人有了身孕，她渴望回到故乡去。于是，她独自回到了英国。

可这时候，她已破产了。连卖掉盖特所得的钱也只剩4000多镑，她每年只有150镑的收入了。她在伦

敦的一条街上租了房子，准备安顿下来。每年150镑虽然不多，可勤俭的拜伦夫人还是能够度日的。但她的丈夫却不想让她安宁，转眼间又欠下了1200镑的债务。拜伦夫人都快被逼疯了，但她只要一见到丈夫那祈求的眼睛，就又什么都说不出来了。

就在这时，他们的儿子出世了。1788年1月22日，一个男孩啼哭着来到世上。拜伦夫人给儿子取名为乔治·戈登·拜伦。小拜伦的出生并没有改变母亲的命运，虽然她已经搬回了阿伯丁，但每年150镑的收入除了养活儿子、乳母和女仆之外，还要不断挤出钱来供丈夫挥霍，这点钱只不过是杯水车薪罢了。

拜伦夫人渐渐明白，丈夫并不爱她，只爱她的钱。她懊悔、流泪，但无论怎样都不忍抛下他不管。她总是对自己说："除了死以外，我不能丢开那个人！"所

←纽斯台德庄园

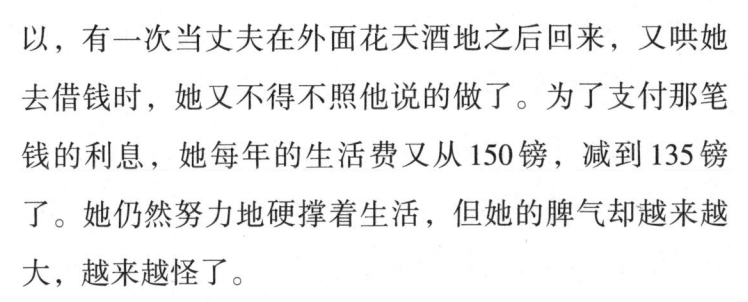

以，有一次当丈夫在外面花天酒地之后回来，又哄她去借钱时，她又不得不照他说的做了。为了支付那笔钱的利息，她每年的生活费又从150镑，减到135镑了。她仍然努力地硬撑着生活，但她的脾气却越来越大，越来越怪了。

拜伦就是在这样的家庭中长大的，虽然父、母亲的家族都曾显赫过，可他眼睛里所看到的只有困窘和争吵。他经常无缘无故地挨母亲的斥骂。

在这个家庭里长大的孩子难免不带些怪异的个性，而且他天生带有残疾，在他刚学会走路的时候，他的母亲就发现他的脚是跛的。虽然看上去外形没有什么异样，但如果脚跟着地，脚筋就像瘫了一样，脚踝就会扭曲，所以，他只能一拐一拐地走路。虽然母亲想尽了办法请医生医治，但都无济于事。拜伦天性敏感，他总是为自己的残疾感到羞辱和痛苦。他变得忧郁而又暴躁了。

有一次，女仆带他上街，一个女人看到他，不由得叹息着说道："多漂亮的孩子啊，可惜是个瘸子"。拜伦的血似乎一下子冲上了脸，平时安静、忧郁的他暴怒地举起手中玩着的鞭子向那个女人抽了过去。

但是，发脾气也并不能使他的脚好起来。转眼间，拜伦3岁了，他那常年不回家的父亲从母亲和亲戚手

里借了一小笔钱去了巴黎,从此就再也没有回来。最后,"疯子杰克"死在法国和比利时边境的一个小县城里。据说他依然放荡不羁,最后死得很惨。

丈夫的死给拜伦夫人打击很大,虽然丈夫并不爱她,但她是真心地爱着自己的丈夫的。受了刺激后,她变得越发神经质和粗暴了。高兴的时候,拜伦就是她亲不够的心肝宝贝,可发起脾气来,不管是盘子还是火箸都往拜伦身上乱扔乱打。

终生放荡的父亲,暴怒狂躁的母亲,在这样畸形的家庭里拜伦很早就学会了无奈地忍耐。父亲对于他像一个遥远的梦,而母亲,他既可怜她,又怕她、恨她。他希望自己能像别的孩子一样有一个温暖安宁的家,但他不仅得不到这小小的要求,还要承受别人对他这个家、对他母亲的嘲笑和轻视。拜伦从小就是一个要强的孩子,这一切带给他巨大的伤痛,并且,或多或少地影响了他对婚姻家庭的态度。他渴望一个温暖的家庭来安抚受过创伤的心,但又害怕家庭的负担和责任。所以,他的一生都在这种渴望与逃避中徘徊,苦了自己也苦了爱他的女人们。

日子在不知不觉间滑过,当拜伦4岁多时,母亲把他送到附近的学校去读书,还为拜伦请了历史和拉丁文的辅导教师。他聪慧过人,学什么都很快,尤其喜欢历史。他曾恳求母亲把公用图书馆里关于罗马、希腊、土耳其所有的历史故事都买回家来。他喜欢战争故事，并说早晚他要组织一支"拜伦的黑骑兵"，让他的士兵们穿黑衣骑红马。当30多年后，阅尽沧桑的拜伦在希腊指挥自己的部队时，不知是否记起儿时的这句豪言壮语。

而此时，种种的梦想和壮志还都遥不可及。拜伦仍是混在淘气的孩子们中的一员，只是他那大而深邃的双眸经常会闪烁着与众不同的光芒。

也许老天也会关爱自己在痛苦困顿中挣扎的卓越的孩子。在拜伦近乎无望的生活中，正孕育着一个巨大的转机。

纽斯苔德的"残酷老爷"的嗣子在科西嘉阵亡了，那么，只要"残酷老爷"一死，小拜伦就成了纽斯台德的继承人了。拜伦夫人听到这个消息后，先是吃惊，转而就是惊喜了，她仿佛又看到了往日辉煌的影子。生活中的曙光慢慢地照亮了她们母子黯淡的生活。

但是，在那个"残酷老爷"还没有去世之前，他们母子还得安守这种贫困、平淡的生活。拜伦虽然会在将来成为贵族，但现在还不是，所以不能进贵族学校，只能留在阿伯丁学校里念书。他天资聪慧，记忆力又好，而且以多读书和善辞令而闻名。虽然天生跛脚，但他天性好强又好斗，在学校里他最有名的是打架的本领。他能够长时间用他的脚尖站着把架打完，而且总是给人一拳，而不是挨别人一掌。当人们惊诧于他的勇气和力量时，他总是回答：因为他是拜伦家族的一员，他们家族的格言是——"信赖拜伦"。

可以看出，从很小的时候起，这个跛脚少年身上就已经蕴藏着巨大的斗争勇气和信心了。

1796年，在拜伦得了猩红热病之后，母亲带他去乡下农庄度假。在那宜人的山野乡风中，早熟的拜伦竟然对一个农村姑娘产生了爱意。第二年，当他9岁的时候，他便真诚地爱上了表姐玛丽·达夫。痴情的小拜伦喜欢和她在一起，还央求母亲给玛丽写信。他

← 拜伦的家乡伦敦

因为自己跛脚而自惭形秽，可内心又涌动着无边的热情。他爱恋着自己美丽的表姐，却又觉得自己没有资格获得她的爱。这种痛苦长久地折磨着拜伦年幼却早熟的心灵。但他只能由着这种折磨噬咬着自己的心，却不知如何消解，他似乎明白一切都是没有结局的。

这是拜伦第一次认真地爱恋一个女孩子，他喜欢和玛丽一起散步，或者静静地坐在她身旁。他喜欢这个纯朴美丽、能给自己带来安宁的小姑娘，但拜伦不知如何表白，这种情感带给他的只是无奈和折磨。在他的生命中，虽然总是表现得放荡不羁，但在面对自己钟爱的女子时，他又常常表现得不知所措。当然，这只是后话了。

1798年，当拜伦10岁时，纽斯台德的那位"残酷老爷"离开了人间。乔治·戈登·拜伦成了拜伦家族的第六代男爵。在他成为拜伦男爵的第二天来到学校时，校长不再只叫他拜伦，而改叫他"拜伦男爵"。他听后哽咽着哭了。这泪中有辛酸，也有希望。

这年秋天，拜伦夫人带着儿子及其乳母梅·格雷离开了阿伯丁，启程前往纽斯台德。

生活中崭新的一页在拜伦面前翻开了。

相关链接

童年时爱上读书

四岁半的时候,拜伦被送进阿伯丁学校读书。他好学、聪颖,记忆力特别好,但也像所有的孩子一样顽皮,有时还搞一些恶作剧。他的善良、正直和义气使他很快就受到小伙伴们的喜爱,但他时而亲切时而暴烈的性子又使周围的人深感吃惊。"一个十分讨人喜欢的孩子,可是难以驾驭,"一个老师曾经如是评价他。

除了在学校读书,母亲还为他专门请了历史和拉丁语的家庭教师,拜伦的历史癖就从这时候形成了。他早熟,喜欢读各种书籍,尤其是历史书籍,他常常恳求母亲把关于罗马、希腊、土耳其的历史故事书从公共图书馆里借回家来。

每当夜色降临,小拜伦就带着新奇、甜蜜和一点点恐怖的感觉去读书、去遥想,在遥远的历史长河中徜徉、流连。古人在军事上的辉煌战绩曾多次激起拜伦内心的英雄梦想,他有一次对小伙伴说:"我总有一天会召集一支部队,士兵们身穿黑衣,骑

积极行动的浪漫主义诗人　**拜伦**

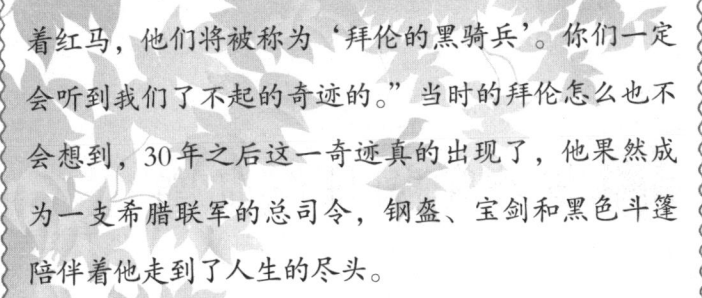

着红马,他们将被称为'拜伦的黑骑兵'。你们一定会听到我们了不起的奇迹的。"当时的拜伦怎么也不会想到,30年之后这一奇迹真的出现了,他果然成为一支希腊联军的总司令,钢盔、宝剑和黑色斗篷陪伴着他走到了人生的尽头。

拜伦是个聪颖的学生,却不太用功,成绩也不突出,但他看的书却非常多。他后来回忆说:"人们经常看到我懒洋洋的、恶作剧或做游戏,而很少看到我看书,事实上我在吃饭时读,在床上读,在没有人的时候读书,自我5岁以来,就开始了广泛阅读。"

→拜伦像

哈罗公学的拜伦勋爵

> 安思莱的山岭啊，贫瘠而荒凉，
> 我无忧无虑的童年在这儿迷失了方向……
> ——拜伦

10岁的拜伦由母亲带着离开了从小生活的苏格兰，来到了伦敦附近的诺丁汉城，再过几英里，就到纽斯台德修道院了。马车穿行在通往纽斯台德的森林中，拜伦四处张望着，心中充满了希望和幻想。

终于，他们来到了盼望已久的纽斯台德修道院。远远看过去，修道院依然保有哥特式的风格，庄严又不失精巧，宅前有一个喷水池，不远处还有一个芦苇丛生的小湖。这就是他的家了。拜伦由老仆人墨瑞带着在城堡里到处游走。这里的山水、森林、飞鸟和游鱼唤起了拜伦久藏在心底的激情，他一下子就爱上了这个地方。拜伦兴奋得不知说什么好，这一切，就像在梦幻中一样，也像他小时候听到的《天方夜谭》中的故事。

但是，纽斯台德已经被"残酷老爷"荒弃得像个

积极行动的浪漫主义诗人 拜伦

废墟了，而且完全断绝了收入。在拜伦眼里神秘而有趣的新家，在拜伦夫人眼里则已破败不堪了。她决定去伦敦为未成年的拜伦向政府领取一些年金，因为修复这里的宅子，修整周围的湖泊、山林以及日常费用单靠她自己每年的那点年金是解决不了的。

拜伦夫人把家搬到了诺丁汉，让乳母梅·格雷照料拜伦，自己则上伦敦去了。临行之前，她还请了一个庸医为拜伦治脚，可这个庸医的办法就是使劲拧拜伦的跛脚，把它拧进一个木制的装置。这种方式给拜伦带来的除了痛苦，还是痛苦。但他从来都忍受着，不吭一声。留在家里照料拜伦的乳母是一个放荡的女人，她不仅喝酒，还把不三不四的人领回家，经常打骂拜伦。最后还是拜伦家的律师汉森看他实在可怜，气愤地把乳母打发走了。

→ 纽斯台德拜伦故居

在阴郁灰暗的日子里，总会有一缕阳光透过层层阴云射进来，照亮心中的希望和梦幻。小小年纪的拜伦在枯燥、无聊的生活中终于又发现了美好、纯真的象征——他的表姐玛格蕾特·帕克。那是一个长着乌黑的眼睛、长长的睫毛的漂亮小姑娘，少年拜伦真诚而又热烈地爱上了她，他觉得"她是转瞬即逝的造物中最美丽的一个"。

其实，拜伦这种年龄的爱情很大程度上是对温暖和爱的向往。在缺少温暖和爱的家庭中，在母亲和乳母两个粗俗、暴虐的女人的阴影中成长起来的拜伦，对玛格蕾特·帕克的纯洁的爱恋成为他少年时代最美好的记忆。

拜伦夫人经过多次努力，终于谋取到了每年300磅的皇家补助费。为了使拜伦和他的贵族身份相称，她把拜伦送进了贵族子弟学校——哈罗公学。1801年，拜伦由汉森领着来到了哈罗公学。这所公学建在离伦敦不远的一个山冈上，四周绿树参天，给人肃然起敬的威严感。哈罗公学创建于1571年，已有200多年的历史，英国历史上许多杰出的人物都曾在这里读过书。

如今，哈罗公学由约瑟夫·德鲁利博士任校长，他五十来岁，是一个心地善良、办事公正的人。学校在他的管理下越来越有声望。拜伦进入哈罗公学，并

遇见德鲁利校长这个对他的成长有重大意义的人,因为校长很快就以慧眼发现拜伦是一块未经雕琢的璞玉。在这个孩子沉默而孤傲的外表下,有一股倔强之气,最主要的是他有一个善于思考的头脑。德鲁利校长的赏识很快就被拜伦感觉到了,他也同样敬爱这位慈祥而又严厉公正的校长,他觉得在自己的生活里终于出现了一点亮色。

在哈罗公学的日子里,拜伦对正规的课堂学习一如既往地不大用功,可是一到关键时刻,他却能大笔一挥,写出三四十句拉丁文的六韵诗行;他对课本不感兴趣,却热心于课外阅读,博览群书,从而获得了丰富的知识。"懒散而博学"是他中学时代的特点。年少而成熟的拜伦这时也已经开始关注社会和时代了。

正像在诺丁汉的学校中一样,拜伦的跛脚同样引起了一些调皮同学的注意。有一次,当他从梦中惊醒时,竟发现有几个同学正要把他的脚往水盆里放。于是拜伦生命中,家族传统上好斗而勇敢的因素终于压倒了一直以来的逆来顺受,他成了哈罗公学中最爱打架的学生。

但是,拜伦是富有同情心和正义感的,他常常保护更弱小的同学。他常关照一个像他一样跛脚的同学威廉·哈尼斯。还有一次,当他看见高年级的学生正

在打一个同学时，他知道自己打不过人家，竟要求自己替同学挨一半的打，这个同学就是后来的英国首相罗伯特·皮尔。

生命的完满与缺失似乎有了更深刻的内涵。虽然此时的拜伦不过是一个好胜要强的孩子，但他强者的形象，极具正义感的精神已初具雏形。拜伦正在以自己的热血和生命证明，完满的生命应该是人格与精神的伟大。

很快，拜伦的侠义精神和骑士风度得到了大多数同学的赞赏。大家发现拜伦单纯、善良，并且具有男子汉的气概和勇气。慢慢地，他们再也不因为拜伦的残疾而轻视他了。而且，他虽然不在自己的课本上下工夫，在生活中自由散漫，却阅读了大量的书籍，积累了丰富的知识。偶尔大笔一挥，还能写出优美的拉丁文诗歌，同学们更是对他刮目相看了。

纽斯台德所处的诺丁汉地区，不仅以封建中世纪的古迹和罗宾汉绿林侠客的传说而著名，而且也是当时英国的大工业中心，也成为产业革命而来的最早的地区，也是最重要的工人运动的发源地之一。拜伦很小的时候，就听说过诺丁汉工人最初破坏机器进行罢工的情况。拜伦是在英国和世界历史上的一个大转变时期中成长起来的，他生逢轰轰烈烈的法国大革命和

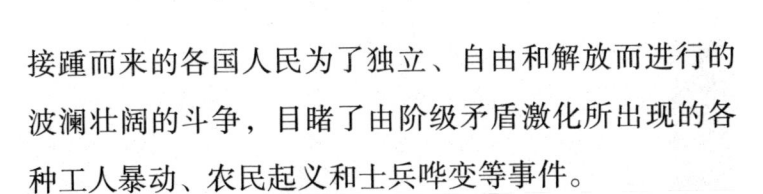

接踵而来的各国人民为了独立、自由和解放而进行的波澜壮阔的斗争，目睹了由阶级矛盾激化所出现的各种工人暴动、农民起义和士兵哗变等事件。

拜伦敏感地意识到自己是生活和社会变革与发展中的革命时代的人。他在1822年5月4日写给司各特的信中说："我们生活在一个伟大的时代里，当一切都大规模地屈服于恶势力时，个人的一切都似乎变得渺小了。"

这就是拜伦青少年时代的感觉和印象。

从学生时代起，拜伦就向往参加社会活动，在哈罗公学时，他就醉心于练习演说。1807年4月2日他在写给他的监护人约翰·汉森的一封信里说，一个演说家远远胜过一个诗人。同时又说，如果他目前从事写诗的话，那也是暂时的，因为他还没有成年，不能参加政治活动。拜伦曾以极大兴趣研究17世纪至18世纪的国会辩论。在1807年他自己记载的已读书目中，政治学、历史学类的著作占了很大比例。拜伦还广泛阅读启蒙学派和唯物主义哲学的著作，像伏尔泰、卢梭、洛克等人的著述，都是拜伦极为推崇的。

充满幻想的拜伦常常独自一人，臂下挟着这些书籍来到哈罗山顶上的教堂，四周是一片墓地。拜伦就坐在大榆树下面的一块墓石上读书、冥想。这是一个

静谧的角落，和风习习，树叶簌簌，拜伦的缕缕思绪可以飘得很远很远……

1803年夏，15岁的拜伦回家度假。这时候，拜伦的母亲已经把纽斯台德租给了一个叫格雷勋爵的年轻贵族。因为拜伦不喜欢和唠唠叨叨的母亲在一起，再加上格雷勋爵寄来了一张热情洋溢的请柬，于是他便欣然前往了。

纽斯台德，那个记忆深处不可磨灭的地方，拜伦在阔别多年之后，终于又回到了它的怀抱。湖水依然明澈，铁杉树依旧挺拔，而房屋却更显老旧了。黄昏时，当一只只蝙蝠飞过窗前，拜伦体味到了一股苍凉的气息，但年轻的心总骚动着幻想和希望，那幻想和

积极行动的浪漫主义诗人　拜伦

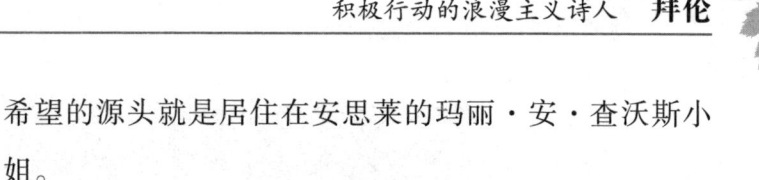

希望的源头就是居住在安思莱的玛丽·安·查沃斯小姐。

在幽静的古堡中度日的拜伦被一种兴奋的激情刺激着，查沃斯小姐的一个先人就是被拜伦家的"残酷老爷"杀掉的那位，可长拜伦两岁的查沃斯小姐却对他友好而亲善。读了许多浪漫故事的拜伦就在幻想中把自己和查沃斯小姐想象成了罗密欧与朱丽叶式的人物。两个有世仇的家族中的一双恩爱情侣，多浪漫啊！拜伦沉醉在自己多情的梦幻里了。

所以，他每天都骑着马赶到查沃斯小姐那里去。路上的风景优美宜人，广阔的草场，起伏的山峦，像白云一样在草地上荡来荡去的羊群。但拜伦总是无暇欣赏这些，在他心里，什么也比不上查沃斯小姐美丽。后来，他有时就留在查沃斯小姐家，跟她一起在草原上驰骋，在山坡上看风景。他把她称作"安思莱的晨星"。

拜伦年轻的心燃烧起来了，但等待他的却不是幸福。查沃斯小姐虽然也感觉到了拜伦火热的感情，但她却已经爱上了另一位绅士，只是把拜伦当作弟弟一样看待，而且身边有一个小追随者毕竟也是一件愉快的事，所以她从来就没拒绝过拜伦的热情。于是，拜伦的梦就越做越深了。

终于有一天，拜伦无意中听到了查沃斯小姐对女仆说："你真以为我会喜欢那个跛子吗？"年轻的、充满了希望的拜伦一下子被击得呆住了，他一口气跑回纽斯台德。

← 拜伦像

这个突如其来的打击对拜伦来说不仅仅是用痛苦两个字可以形容的。他一直沉浸在自己编织的梦里，他总是以自己单纯的热情去面对喜爱的女子，而且他还善于把种种浪漫的想象当做现实生活一样对待。这样的理想化的生活总是要碰壁的。

这一天夜里，在这个少年的胸中涌动的失望、沮丧、悲哀和烦恼没有人说得清。从此以后，拜伦的心里又画上了一道永远无法愈合的伤口。

奇怪的是，第二天拜伦依然去查沃斯家探访，只字不提有关他偷听到的话，好像什么事也没发生过一样。而且假期过后他仍然固执地留在纽斯台德，无论

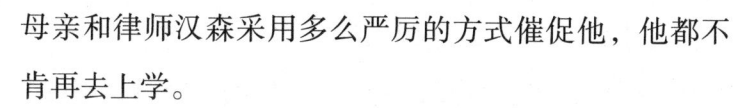

母亲和律师汉森采用多么严厉的方式催促他,他都不肯再去上学。

直到第二年年初,耽误了整整一个学期之后,拜伦才重新回到了哈罗公学。

此时的拜伦已经历过同龄人少有的希望和幻灭的酸甜苦辣,但同时他也慢慢走向成熟。拜伦开始学会冷静地对待自己与生俱来的缺陷,并决心以勇气和毅力去克服它。身体的残疾无法回避,但精神不能随之萎靡。经过这些挫折,拜伦更坚定了做一个强者的决心。如今,在哈罗公学里,他不但不再是受人欺侮的对象,而且还成了保护弱小同学的首领。一种成就感荡漾在拜伦的心中。渐渐地,在纽斯台德留下的阴影散去了。拜伦恢复了活泼、好动、好胜的本性。他参加朗诵会,其中莎士比戏剧《李尔王》中有一段他念

→康河

得尤为出色。他还是学校里的游泳好手，如果看见他在水中矫健的身姿，怎么也看不出他的一只脚是跛的。最令人震惊的是，他还擅长打板球，而且参加过校际板球赛。德鲁利校长承认，拜伦是他所教过的学生中最聪明的，拜伦是个天才。

值得一提的是，在这一段时间里，拜伦的生命中又出现了两位女性。

经过查沃斯的那次打击，他已经对女人失望了。他与这两个女性之间并不是火热的爱情，而是温和、安宁的友情。也许，只有温和与安宁才是医治拜伦易冲动、易急躁的个性的最好良方。

第一个女性是索斯威尔的伊丽莎白·皮各特小姐（这时候，拜伦的母亲已经由诺丁汉搬到了离纽斯台德几里路的索斯威尔），这是在拜伦失恋后，第一个让他感到轻松、自在的女孩。这位姑娘心地坦白，又温良贞淑，使拜伦得到了友情的关怀。而且，在以后，又是这位小姐促使拜伦走上了写作诗歌的道路，并在她的鼓励和支持下写出了自己的第一部诗集。

第二个女性就是拜伦同父异母的姐姐奥古斯塔。奥古斯塔小时候曾经跟拜伦夫人生活，后来由于拜伦夫人怀孕，她被送到了外婆霍尔德内斯夫人那里。由于这位夫人对拜伦夫人有偏见，所以一直没有来往。

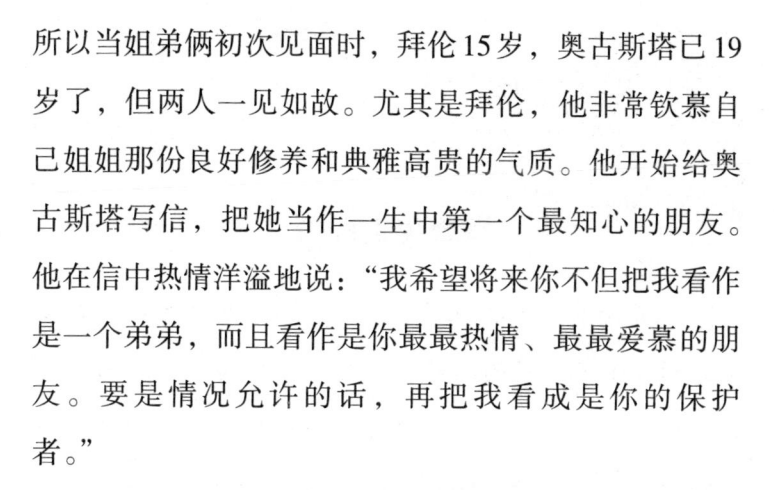

所以当姐弟俩初次见面时，拜伦15岁，奥古斯塔已19岁了，但两人一见如故。尤其是拜伦，他非常钦慕自己姐姐那份良好修养和典雅高贵的气质。他开始给奥古斯塔写信，把她当作一生中第一个最知心的朋友。他在信中热情洋溢地说："我希望将来你不但把我看作是一个弟弟，而且看作是你最最热情、最最爱慕的朋友。要是情况允许的话，再把我看成是你的保护者。"

慢慢地，拜伦把姐姐奥古斯塔当作自己最信赖的人，他把自己的苦恼和失望都告诉了姐姐，奥古斯塔则尽量用严肃的爱情观来影响自己那满脑袋怪念头的弟弟，但收效甚微。不仅如此，奥古斯塔还尽力帮助弟弟摆脱对母亲的厌恶之情，设法邀请他到自己那里度假、散心。可以说，奥古斯塔给予拜伦的爱与关怀甚至超过了他的母亲。

但姐姐奥古斯塔的爱与关怀并不能完全抚平拜伦心中的创伤。在哈罗公学的最后一年，拜伦时常独自一个人一瘸一拐地爬上学校的山顶，然后默默地坐在墓园里向远处眺望，望着山下那秀美的风景，思索着自己所走过的人生之路。

相关链接

戏剧《李尔王》

英国著名剧作家莎士比亚的四大悲剧之一。这部剧叙述了年事已高的李尔王意欲把国土分给三个女儿，在分封的时候，他让每个女儿都说说对自己的爱戴之情，借此安慰自己的心。大女儿高纳里尔和二女儿里根花言巧语赢得了老国王的宠信而瓜分了他的国土，小女儿考狄利亚因为不愿意阿谀奉承而触怒了国王，被驱逐出国。幸好前来求婚的法兰西国王慧眼识人娶考狄利亚为王后。

李尔王退位之后，他的

← 拜伦像

积极行动的浪漫主义诗人　**拜伦**

两个女儿立刻变脸虐待自己的父亲，年老的国王只好流落到荒郊野外。李尔认为这是自己误解小女儿考狄利亚，理应受到的惩罚。考狄利亚在得知父亲的困境之后，立刻组织了一支军队，前来搭救父亲，父女也终于团圆。但战事不利，考狄利亚在征战中被杀死，李尔守着心爱的小女儿的尸体悲痛地死去。拜伦在公罗公学上学时，曾参加朗诵会，《李尔王》中的一段台词他朗诵得尤为出色。

《李尔王》剧照

剑桥大学的风流诗人

> 我活过，爱过，痛饮过，和你一样，
> 到头来是死了，把骸骨交给土壤。
>
> ——拜伦

1805年夏天，拜伦从哈罗公学毕业了。同年10月，他进了剑桥大学的特里尼蒂学院。

最令人兴奋的是，他拥有了一笔可观的收入。因为英国大法官法庭应允他每年从财产总收入中抽取500镑作为花销。他终于可以像一个真正的贵族一样，买一匹马，再雇一个男仆，过起比较富裕的生活了。当然，最重要的是，他觉得自己可以独立了。

他像一只飞出笼子的小鸟，终于找到了一片可以自由飞翔的天空。但是没有任何管制和束缚，对于生性放达的拜伦来说未必是一件好事。

在大学里，刚开始时，他仍然幻想能像在哈罗公学一样成为学生的领袖。但他很快就发现，这里的学生年龄都差不多，很少有弱小者对强悍者的依附和崇拜。而且，在特里尼蒂学院，几乎没有人在灯下专心

积极行动的浪漫主义诗人　拜伦

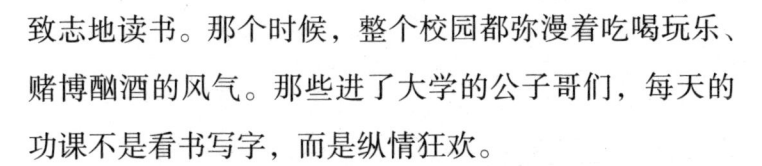

致志地读书。那个时候,整个校园都弥漫着吃喝玩乐、赌博酗酒的风气。那些进了大学的公子哥们,每天的功课不是看书写字,而是纵情狂欢。

拜伦对于放荡自由的生活领会接受得很快,他似乎在继承了拜伦家族百折不挠的勇气的同时,也继承了家族任性、放荡、奢华的气质,这使他挥霍起来便不知节制。这个顽症给他以后的生活埋下了危机。

在剑桥,拜伦每天的功课就是早晨骑上他那匹良种马,头戴白帽,身披银灰色的斗篷四处游逛。要是天气好,还约上好朋友,与在哈罗公学时的同班同学朗格一起游泳。晚上,则回到自己装饰一新的宿舍里,一边喝自己喜欢的苏打水,一边听朗格吹笛子或拉大提琴。乐声悠扬、婉转,总是能把他带入幻想的王国,让他回忆起许多旧人旧事来。

拜伦本来是一个爱读书的人,但他讨厌剑桥大学死板枯燥的教学方式,所以他几乎只把读书当作一种副业来对待。但这时写诗成了他必不可少的乐趣。在奢靡的生活中,还能保存一点诗心,说明在他的意识最深处仍保留着对艺术、诗歌的追求和向往。

但是,这样奢华的生活,每年500镑的年金也不够支撑了。他写信给家庭律师汉森要求增加津贴,在遭到拒绝以后,便哄骗姐姐奥古斯塔做自己的担保人,从放债者那里以10%的利息借了几百镑。老拜伦夫人听到这个消息后,又担心又气恼,因为她太明白儿子的个性了,这些钱一定又很快被他挥霍掉了。

正如拜伦夫人预料的那样,拜伦一有了钱就擅自离开了大学,搬到伦敦住去了,而且他还不知从哪里找来一个女孩做情妇,并把她打扮成男孩子的模样,

←拜伦像

出双入对。他又雇了拳师杰克逊、剑师安格鲁，每天练拳击剑，挥汗如雨。在他看来，这比待在剑桥要有意思得多。他曾幻想当指挥千军万马的将军，在这剧烈的运动和训练中，他似乎可以体会出做一名战士的滋味。运动增强了他的体魄，他变得消瘦但英俊了。

这样的日子过了一个学期，直到第二年春天，拜伦觉得玩得差不多了，新奇劲儿也过去了的时候，才回到了剑桥。

可是，拜伦依然厌恶剑桥大学死气沉沉的经院哲学，他甚至觉得剑桥学生智力的鲁钝正像剑河的水那样呆滞，他们仅关心教会的事情，并且不是基督教会的事情，而是邻近一个教区的收入。由此可见，他的放浪形骸之中不乏对腐朽与虚伪的反抗与愤恨。

鹰只有翱翔在广阔的天地间，才会显出真正的本色来。若关在狭小的笼子里，鹰当然会比金丝雀们显得桀骜不驯，暴躁不安。

→ 拜伦塑像

1806年夏，拜伦回到索斯威尔的母亲那里。这一次，母子俩又为一点点小事发生了激烈的争吵。老拜伦夫人盛怒之下竟当着别人的面，把铁铲和铁钳向拜伦头上扔去。拜伦逃出了家门，他对母亲完全失望了。于是，他在朋友家住下，并发誓再也不见母亲了。这对苦命的母子本应相爱相惜，却都有着固执的本性，以致造成现在这种水火不容的局面。

不久，拜伦决定和约翰·皮戈特（伊丽莎白·皮戈特的哥哥）一起到苏珊克斯海滩旅行。拜伦坐着门上嵌着拜伦家族纹章的马车，车上还写着"信赖拜伦"这句家族格言。旅行中拜伦和约翰谈得很投机，经过爱情折磨的拜伦在约翰面前俨然是一个成熟的男子汉大丈夫的姿态了。他认为爱情是危险的，甚至对女人表示蔑视。他对约翰说，征服女人的办法不是爱她们，而是蔑视她们。拜伦对待爱情和女性的看法由一个极端走向了另一个极端。也许，这是他在屡遭伤痛后给自己的心装上的盔甲。

没多久，拜伦的旅费用光了，他没有办法回剑桥，况且他也不大想回去，不得已他又回到了母亲那里。

在索斯威尔，拜伦开始过一种不同于剑桥大学的有规律的生活，并在伊丽莎白·皮戈特的劝告和鼓励下，又拿起了写诗的笔。对于拜伦来说伊丽莎白是一

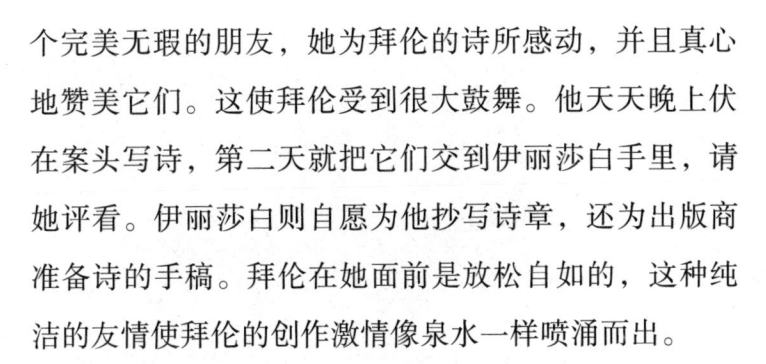

个完美无瑕的朋友，她为拜伦的诗所感动，并且真心地赞美它们。这使拜伦受到很大鼓舞。他天天晚上伏在案头写诗，第二天就把它们交到伊丽莎白手里，请她评看。伊丽莎白则自愿为他抄写诗章，还为出版商准备诗的手稿。拜伦在她面前是放松自如的，这种纯洁的友情使拜伦的创作激情像泉水一样喷涌而出。

不写诗的时候，他则到河里游泳，或者骑着马四处逛，他一直保持锻炼的习惯。这时他开始收集和整理过去的一些诗，准备自己出一本诗集。1807年1月，他出了自己的第一本诗集，题名为《杂诗》。他很欣赏自己的作品，认为"这本诗集不但从头至尾正确无误，而且奇迹般地圣洁无瑕"。但索斯威尔的市民则"认为作品里有影射攻击他们的内容"，对拜伦提出了责难。尽管对这个小城厌烦透了，但为了对诗集再加整理，拜伦又在索斯威尔待了几个月。这回书名改为《闲散的时光》，署名是乔治·戈登·小拜伦勋爵。这算是他正式的处女作。

1807年6月，拜伦19岁的时候，诗集出版了。他热切地焦急地等待着人们对诗集成败的评判。诗集的反响要比拜伦预想得好得多。伦敦的一家书店当天就卖出去几本，印刷所两星期内卖出了50本，年轻的拜伦高兴得不知说什么好。

《闲散的时光》里虽然很多是仿作和不成熟的诗篇，但其中的有些诗已预示出拜伦的未来。其中民主情绪是显著的特点。他鄙视上流社会里的不学无术之辈，决心为光荣、英勇的公民理想而生活。当然，诗集中还有对大自然进行描写的诗篇，这些诗中渗透着一种哀怨消沉的情绪，是拜伦把大自然当作逃避上流社会虚伪生活庇护所的心情的真实写照。同时，诗集中的许多抒情诗已经充满了独立精神，反映出拜伦对人和社会制度的一种严肃认真的思索态度。他已懂得，历史发展过程中已消亡的东西是不可能复活的，所以他用充满希望的眼睛注视着未来。

　　诗集出版了，拜伦的小镇生活也该结束了。1808年，他又回到了剑桥。如今的拜伦已经由过去那个胖

←拜伦传记书影

乎乎的小男孩变成一个瘦削而英俊的青年了。当时有人曾这样描写他，"他的皮肤像乳白玻璃的花瓶里燃着烛火一样的颜色，栗色的头发有着铜色的光泽，长垂的睫毛之下，碧色的双眸澄明得像高山上的湖水。"所以当他在校园的庭院、回廊上信步漫游时，许多人都用赞美的眼光注视着他。

拜伦已是大学二年级的学生了，这次回来时不仅英俊潇洒，还出版了一本诗集。如今，大家都对他刮目相看了。拜伦的成就感得到了小小的满足，他决定继续在剑桥大学读一年书。

拜伦回家的一年期间，他在剑桥的那间装饰华丽的房子已经租给一个叫马修斯的学生了。拜伦与他一见如故，而且彼此都很欣赏。马修斯是一个聪明和善、学识渊博的小伙子，也是出名的难以接近的人，却和拜伦志趣相投，一拍即合。他们俩都喜爱击剑、拳击和游泳。拜伦常批评马修斯的游泳姿态，而马修斯则对拜伦头脑中的加尔文教义思想进行了一针见血的抨击。他嘲笑上帝，也嘲笑魔鬼，他的怀疑主义深深地影响了拜伦。

在这一年的剑桥生活中，拜伦结交了一群志趣相投的朋友。除了马修斯之外，最要好的朋友还有霍布豪斯和戴维斯。

霍布豪斯的父亲是声名显赫的商人，出身于非英国国教的家庭，是无神论者。他热情地崇尚自由主义，对政治颇感兴趣，对拿破仑十分欣赏。霍布豪斯心直口快，公正严谨，对生活严肃认真，一开始并不喜欢漫不经心、生活放荡的拜伦，但二年级时，他发现在拜伦放浪的外表下，是一颗真诚而有正义感的心，他们成了好朋友，而且这份友谊保持了一生。

戴维斯举止穿着上像个花花公子，其实他文静而持重，且才华横溢。他说话结结巴巴，但诙谐幽默，而且他的游泳技术和拜伦不相上下，只是他经常把大量的时间花在赌博上。本来拜伦讨厌赌博，但为了取悦戴维斯，也赌起来了，结果总是大输特输。

债台高筑还可以忍受，但这时对他的处女作进行极其辛辣批评的文章却使拜伦怒火中烧。当时英国文坛权威性杂志《爱丁堡评论》刊登了一篇尖刻地评论拜伦诗集《闲散的时光》的文章，文章中写道："这位年轻男爵的诗才，是艺术之神和平凡人都无法给以承认的。我的见闻少，从来不知道有这么缺乏神性和人性的坏诗。……可是作者对这坏诗的辩解，便是说自己尚未成年。……然而不幸，我们都记得考莱10岁的诗和蒲柏12岁的诗。尽管这些苦恼的诗是一个青年学生在学校里写的，但是我们相信这样的诗，在英国受

过教育的青年中，10个人有9个都写得出来，而那第十个则会比拜伦爵士写得更好。"

这对拜伦来说是一个沉重的打击，他读过之后的那种可怕的脸色，竟使他的朋友以为有人要同他决斗。拜伦的第一个反应就是尽快写成一篇针锋相对的讽刺文章进行反击，但理智很快战胜了冲动。拜伦从来就不是一个受到一击就被吓倒的人，他会用加倍的力量征服对手，但同时他也不是一受打击就伺机报复的小气量的人，他明白他的暴躁只会使对手更得意，不如写出一首好诗，这样自然就堵上了对手的嘴。年轻的拜伦正日益走向成熟。

剑桥大学的生活虽然并没有使拜伦在学识上有什么突飞猛进，但在这样一个人际混杂的大圈子里，拜伦毕竟开阔了眼界，而且懂得了如何选择朋友。虽然不免沾染许多不良的习惯，但总的说来也进一步了解了社会。任何一所大学的真正作用不在于它灌输给学生多少书本上的知识，而在于使得它的学子成为独立思考的人。

1808年7月4日，拜伦得到文学硕士学位，走出了剑桥。今后的天地更宽更广，羽翼日渐丰满的拜伦对未来充满憧憬。

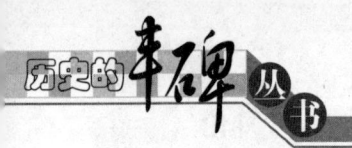

相关链接
XIANGGUAN LIANJIE

剑桥大学

剑桥大学（University of Cambridge）位于英格兰的剑桥镇，是英国也是全世界最顶尖的大学之一。英国许多著名的科学家、作家、政治家都来自这所大学。剑桥大学也是诞生最多诺贝尔奖得主的高等学府，88名诺贝尔奖获得者曾经在此执教或学习，其中70多人是剑桥大学的学生。

剑桥大学成立于1209年，最早是由一批为躲避殴斗而从牛津大学逃离出来的老师建立的。国王亨利三世在1231年授予剑桥教学垄断权，剑桥大学和牛津大学齐名为英国两所最优秀的大学，是世界十大

←拜伦像

名校之一。

剑桥大学有三十一个学院，有三个女子学院，两个专门的研究生院，各学院历史背景不同，实行独特的学院制，风格各异的三十一所学院经济上自负盈亏，每个学院在某种程度上就像一个微型大学，有自己的校规校纪。剑桥大学的第一所学院彼得学院于1284年建立，其他的学院在14世纪和15世纪陆续建立。

剑桥大学的许多地方都保留着中世纪以来的风貌，到处可见几百年来不断按原样精心维修的古城建筑，许多校舍的门廊、墙壁上仍然装饰着古朴庄严的塑像和印章，高大的染色玻璃窗像一幅幅瑰丽的图画。

剑桥大学

"恰尔德·哈洛尔德"的浪漫之旅

> 我一觉醒来，发现自己已经名扬天下。
> ——拜伦

出了学校，拜伦回到纽斯台德，在那里过着悠闲的生活。1809年1月22日，拜伦成年日来到了，同时也到了获得世袭议员席位的法定年龄。在纽斯台德，大家举行了庆祝宴会。在庭前，人们烤了一头牛来招待他的仆从，饭后还举行舞会招待村人。而拜伦自己，那天则在伦敦独自迎接了自己的成年日。同年3月，拜伦在上议院行了宣誓礼，占有了一个议席。

两星期后，他的第二册诗集《英格兰诗人与苏格兰评论家》问世了。这是他一生中占有重要位置的作品，因为他作为诗人的真正价值，首先是由于这本讽刺诗集的巨大成功。尽管这部诗集有不完善的地方，但他辛辣地讽刺和讥笑了一些公认的权威作家，表现出卓然的诗才和非凡的胆识。

《英格兰诗人和苏格兰评论家》的问世，使拜伦

成了继讽刺诗人蒲柏后的第一名家，这位年仅21岁的青年辛辣的笔法和敢于向当时名家挑战的勇气，使人们感到不胜惊异。虽然他以后又写出了更具名气的《堂璜》那样圆熟雄伟的讽刺长诗，但《英格兰诗人和苏格兰评论家》同样以其率直、悲愤、慷慨的风格而成为历史上的一部佳作。

　　诗作出版了，不管是招来咒骂还是赞扬，拜伦都不大关心了，他如今渴望离开英国，到外面的世界去看一看，霍布豪斯答应与他同往。可是出国旅行是需要大笔路费的，他现在已负债12000镑了，再出国还需4000镑呢。正在他发愁时，他剑桥时代的好友戴维斯给他寄来了这笔钱。临行前，马修斯、霍布豪斯等几个人都聚到纽斯台德来。他们游泳、骑马、练射击，还用骷髅头做的大酒杯喝酒，夜夜狂欢，通宵达旦。但是，当拜伦一个人静下来时，他仍感到美酒、狂欢所无法驱除的寂寞和孤独。纽斯台德的天空太低了，拜伦渴望在自由的天空中振翅飞翔，飞翔。

　　1809年6月26日，拜伦和好友霍布豪斯及仆人等6人离开了纽斯台德，踏上了离家远游的征途。他们打算先到直布罗陀，再从那出发，到马耳他和东方去。拜伦的心里怀着一种冲动，他渴望激烈而有生命力的生活，渴望冲出狭小的个人生活的圈子，融入时代的洪流中去。那时，拿破仑正君临整个欧洲，而战争风云则笼罩着欧、亚、非三大洲。这是一个混乱动荡的时代，同时也是一个塑造英雄、产生英雄的时代。每每想到这些，拜伦都心潮澎湃。

拜伦来到了里斯本，登上了战火弥漫的欧洲大陆。他对这里牧师的暴政支配一切的伦理道德感到愤慨，并且开始大声疾呼。他血液里对专制的憎恶及对自由平等的热爱又一次燃烧起来。但西班牙仅仅是旅行的起点，他们还要继续前行。于是，他们从直布罗陀乘邮船直奔马耳他岛。

航行在平静而湛蓝的地中海上，一阵阵温暖的海风轻轻地拂过人们的面颊。拜伦不喜欢与人说笑，经常独自望着大海出神。在夜幕降临后，他就坐在船头，望着波涛中闪烁的星光遐想联翩。这是拿破仑乘着埃及远征船前进的地方，这是古罗马大将军安东尼驾帆远征的地方，拜伦渐渐形成了一个念头，要把自己一直埋藏在心底的激情、忧伤和快乐痛痛快快

←里斯本，1809年拜伦曾到此游历。

地表达出来。那么，就写一首关于这次旅行的诗吧。

历史上的不朽之作《恰尔德·哈洛尔德游记》就在此时开始酝酿了。

拜伦在马耳他岛小住了一段时间后，来到了阿尔巴尼亚，这是一个荒凉而未经开化的国家，它起伏荒凉的山峦让拜伦想起苏格兰。这里的统治者是土耳其来的阿里·帕夏，当他得知有一个年轻的英国贵族来到这里，便邀请他们到宫殿里游玩，还派50名阿尔巴尼亚士兵保护他们穿过荒野乡村，翻越山峦到希腊去。

希腊！希腊！这是拜伦神往已久的国度。通过大量书籍、诗人和历史学家的介绍与赞美，他早就喜欢上它了。当他翻过阿尔巴尼亚的崇山峻岭，看到前面那一望无际的平原时，心中充满了激情。因为，那就是希腊了。

希腊的天空碧蓝晴朗，温暖的空气笼罩着赭色和橘黄色的起伏的山峦，翠绿的橄榄树叶在灿烂的阳光下闪着绿油油的光。这是一

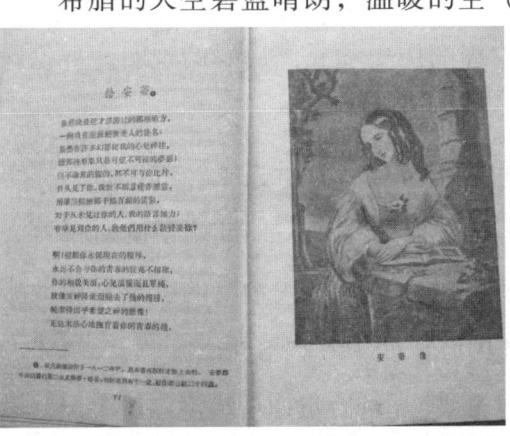

→《恰尔德·哈洛尔德游记》书影

片古老而又神奇的土地,它带着众多的神话传说,同时还有荷马的史诗、埃斯库罗斯的悲剧,以及修斯底德的历史。这里湮没了多少光荣与梦想,多少成功与希望!如今,拜伦终于踏上了这片土地。

拜伦一行人先是渡到勒庞托湾,来到佩特雷城,又转了一个方向,在帕纳塞斯山山麓登岸。在经过泽而菲时,拜伦和霍布豪斯都在一座庙宇的圆柱上刻下了自己的名字,一路的旅行总是使他激动万分,诗情大发。

1809年12月24日上午,马车穿过一片又一片的松树林、橄榄林。快到中午时,一片平原终于展现在他们面前。在平原与大海的交接处,在岩石和山丘周围,有一座小镇。这个小镇就是欧洲文明的摇篮——雅典。而此时,土耳其人占领了雅典,并派驻军盘踞在雅典附近的山丘上。雅典城已衰败不堪了,到处是残垣断壁。面对雅典辉煌的历史和充满屈辱的现实,拜伦胸中诗情翻涌。

古代希腊的繁华与尊严哪里去了?古代希腊那率领300名斯巴达壮士扼守温泉关,抵挡了波斯百万大军的列奥尼达王哪里去了?古代希腊的智慧与勇敢哪里去了?拜伦在内心深处千万次地问。

于是,在《希腊》(《恰尔德·哈洛尔德游记》第

二章）中拜伦这样疾呼：

"美丽的希腊！往昔的繁华，如今只是凄迷！

你不再荣耀，却依然流芳；你已经沉沦，却依然伟大！

如今有谁再率领你那四散的儿女，

去砸碎那久久禁锢在身上的锁枷？"

在这沉痛的诗句中我们可以看到拜伦对被奴役的希腊发出的深切同情，看到一个热爱自由的心灵面对自己热爱的土地被外族的铁蹄蹂躏时的颤抖。拜伦的爱是宽广而博大的，他从来都没把自己囿于英国那片土地上，他向世间的一切不平和专制挑战，即使单枪匹马弄得遍体鳞伤也在所不惜。他用自己的诗篇警醒希腊人民，希望他们不要在土耳其的铁蹄之下呻吟，而是重建一个属于自己的独立自由之邦。

在雅典小住一段时间后，拜伦开始周游希腊半岛。他一般感兴趣的都是有着某段神话传说或发生过重大事件的古迹，以此来抒发自己的探古之幽情。

在达达尼尔海峡的入口处，两岸高耸，水流湍急，而拜伦却怀着巨大的勇气横渡了海峡。因为这就是古希腊神话中一个叫利安德的神为了和对岸的情人约会，每天游过的海峡。虽然有一天利安德不幸被大海吞没，他的情人也跳海殉情，但他们的故事却久久流传。拜伦不但没因为这个故事被大海吓倒，反而激起了他的征服欲，所以能够横渡海峡对他来说具有更大的意义，很长时间以后提起这件事他都无比自豪。

随后，拜伦又瞻仰了特洛亚战争的遗址，拜谒了古代神话英雄阿喀琉斯之墓。他对古代驰骋沙场的英雄始终怀有崇高的敬意。因为，他的将军梦并没有随时间的流逝而褪色，相反，他年轻的血越来越热了。

游览过希腊后，拜伦一行继续向东方进发。1810年5月13日，他来到了君士坦丁堡。

这座古老的城市坐落在欧亚交接的要冲上，欧亚两洲的山坡上房屋林立，圣索菲亚教堂的圆屋顶闪着金光。每天在这个具有异域风情的城市里游逛，的确是一件很惬意的事。而且，土耳其的都市和富有特色的生活也成为他的素材，写进后来著名的长诗《堂璜》中。

← 19世纪初，拜伦来此瞻仰特洛亚战争遗址。

积极行动的浪漫主义诗人　拜伦

1810年7月24日，拜伦和霍布豪斯离开了君士坦丁堡，霍布豪斯决定返回伦敦，而拜伦则希望再回雅典。于是，两个好朋友分了手，拜伦一个人踏上了旅途。

拜伦其实是一只孤独的飞鹰，长时间的结伴旅行并不适合他。他喜欢无拘无束、潇洒自由的日子，更擅长远离人世喧嚣的独自思考。虽然他经常把自己置身于人声鼎沸的场所寻找热闹，但他的骨子里是傲慢而孤独的。

一位古代的先哲曾经说过，喜欢孤独的人不是神明便是野兽，而拜伦则介乎神明与野兽之间。他有时高尚而富正义感，有神明一样的伟岸；有时又狂躁放荡，显示出野兽般的本能。这两种天性复杂地交织在他的身上，使他的诗歌及他本人染上了令人迷惑的光彩。

拜伦一个人留在希腊过着惬意的生活，每当心中诗潮澎湃时，他都用笔把它们记录下来，而且，在希腊的这段日子，他总是处在诗歌创作的兴奋状态。除开始《恰尔德·哈罗尔德游记》的写作外，在此期间，他还写了两首讽刺诗《贺拉斯的启示》和《密涅瓦的诅咒》。可见，旅行生活给他的创造带来了大丰收。

后来，拜伦的旅行费快用光了，而他的律师汉森已不再汇钱给他，还要求他亲自去照顾受债主和律师威胁的纽斯台德和罗岱尔。没有办法，拜伦不得不动身返回英国。

带着一身倦意和回忆的拜伦终于回到了祖国。但他并没有急于回纽斯台德看望母亲，而是留在伦敦和朋友们叙谈别后之情和旅途见闻。

好友达拉斯兴致勃勃地来看拜伦，并问他这两年来有没有什么收获，写了什么。拜伦只是把在雅典写的《贺拉斯的启示》拿了出来，但达拉斯觉得《贺拉斯的启示》并没有什么精彩之处，既无新颖的形式，又无独到的见解。后来，拜伦才有些害羞地把《恰尔德·哈洛尔德游记》拿了出来，说这不过是几首短诗和许多关于旅行的诗节。他本不想让别人读的，但可以当作礼物赠给达拉斯。

达拉斯把手稿带回了家，他只读了开头就被深深吸引住了——

有这样一位青年住在英格兰岛上，
他天生喜爱寻欢作乐，游戏放荡，
他过着如此纵情、愉快、不羁的生活，
晚上用喧闹来折磨那些昏昏欲睡的耳朵。

积极行动的浪漫主义诗人　拜伦

　　他名叫恰尔德·哈罗尔德——至于为何原因，
　　他的祖先传了多少代，我最好不要道明；
　　只提一点就够了：他的祖先们偶尔也有过风光，
　　以前一直都是声誉显赫、业绩辉煌……

达拉斯读着读着，觉得他的心被揪紧了。

　　为不少人害相思，其实只爱一个人，
　　而他所爱的伊人，却和他永无缘分……

这些诗行不正是拜伦自己的生活吗？这一句句不都是拜伦的内心剖白吗？达拉斯一口气读完了《恰尔德·哈洛尔德游记》的第一二章，他再也无法抑制自己激动的心情了。他从那些显得有些杂乱的叙述中看到了拜伦愤世嫉俗的激情和万事皆空的忧郁，他立即给拜伦写了一

→拜伦诗集《雅典的少女》书影

文学艺术家卷　049

封信表达自己的感想。他说:"你写的这首诗是我读到过的最引人入胜的诗歌之一……我被《恰尔德·哈洛尔德游记》迷住了,简直爱不释手。"

但当达拉斯见到拜伦时,拜伦自己却并不怎么看重这首长诗,而更喜欢《贺拉斯的启示》。达拉斯深信《恰尔德·哈洛尔德游记》的价值,决定设法让它出版。

这时候,拜伦因为财产、债务等问题被汉森扣在伦敦,正在他打算回纽斯台德看看母亲时,1811年8月1日,他得到了母亲去世的消息。

两年来他在外面游荡,如今终于回到英国了,他还给母亲带回了一条围巾和一瓶玫瑰油。但只耽搁了这么几天,他就再也见不到母亲了,这是上天对他的漫不经心的惩罚吗?

拜伦得知母亲去世的消息后,才发现无论两人之间有过多少恩恩怨怨,母亲毕竟是母亲,他无法割断母子的那份与生俱来的亲情,他从心底里还是牵挂并爱着自己那粗俗、暴虐的母亲的。他匆忙赶回家去,抚着母亲的遗骸放声大哭。葬礼那天,他怎么也无法随棺去墓地看棺木下葬,他觉得无法目睹这一时刻。现在,他的亲人一个个离去了,他更感到了孤独的寒冷,而墓中的母亲是否能感知呢?

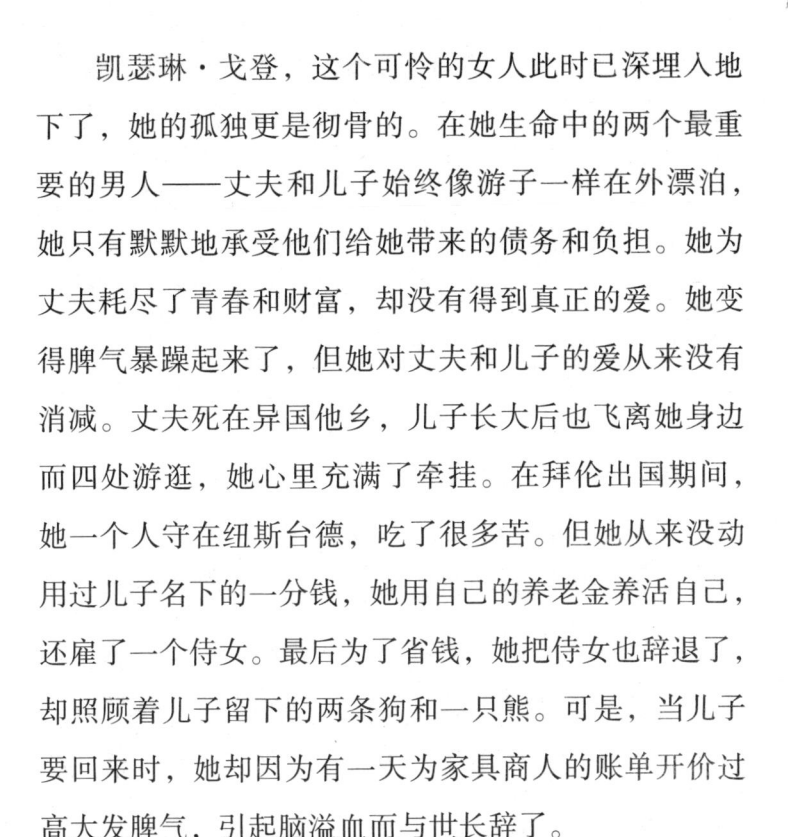

凯瑟琳·戈登，这个可怜的女人此时已深埋入地下了，她的孤独更是彻骨的。在她生命中的两个最重要的男人——丈夫和儿子始终像游子一样在外漂泊，她只有默默地承受他们给她带来的债务和负担。她为丈夫耗尽了青春和财富，却没有得到真正的爱。她变得脾气暴躁起来了，但她对丈夫和儿子的爱从来没有消减。丈夫死在异国他乡，儿子长大后也飞离她身边而四处游逛，她心里充满了牵挂。在拜伦出国期间，她一个人守在纽斯台德，吃了很多苦。但她从来没动用过儿子名下的一分钱，她用自己的养老金养活自己，还雇了一个侍女。最后为了省钱，她把侍女也辞退了，却照顾着儿子留下的两条狗和一只熊。可是，当儿子要回来时，她却因为有一天为家具商人的账单开价过高大发脾气，引起脑溢血而与世长辞了。

　　如今，她躺在冰凉的墓地里，她是否有一丝委屈？或许，对于她来说把自己的一切都献给所爱的人正是一种幸福。那么，愿她安息吧。

　　正当拜伦沉浸在母亲辞世的悲痛中时，又一个沉重的打击向他袭来，他大学时的好友马修斯在河里游泳时不慎淹死了。巨大的悲伤笼罩在他的心头。

　　更令他痛苦的是，直到这些人离他而去，他才发觉自己的生活中不能没有他们。这一年的夏天，他一

个人住在阴气森森的纽斯台德，与他养的狗、刺猬、小乌龟们一起生活。

被心爱的女人抛弃，失去了母亲，又失去了朋友，终日又为债务所困，二十几岁的拜伦似乎有了老年人的心境，他对一切都看淡了。但他又有一颗年轻的心，生性敏感而多情，种种矛盾一直困扰着他，使他无法安宁。

在此期间，他偶尔给朋友们写信，要么就整理自己的诗稿。拜伦回家后不久就与姐姐奥古斯塔通了几封信，他知道姐姐的婚姻并不幸福，在信中俨然以一个体贴的保护者的口气诉说着对姐姐的关心。他已经不再是从前那个无助的少年了，两年以来，他坚强了许多。但从他给姐姐的信中可见，他对爱情的看法仍

← 海边的希腊少女 [英] 弗雷德里克·莱顿

积极行动的浪漫主义诗人　拜伦

然很虚枉。

拜伦把自己关在家里，对《恰尔德·哈洛尔德游记》做最后的润色。好友达拉斯给他找来了伦敦有名望的出版商约翰·墨端，墨端看了拜伦的原稿后立刻答应为他出版，而且幸运的是，这个时期他结识了两位知名的诗人，托马斯·穆尔和塞缪尔·罗杰斯，并很快成了知己，他们谈诗歌，谈拜伦的东方之旅，或者狩猎、游玩。拜伦慢慢从情绪的低谷中走了出来。

拜伦虽然隐居在纽斯台德，也不可能不接触到当时英国的社会的变故和争端。这个时期由于工业的大量机械化，使得许多工人失业，工人们纷纷认为是机器夺去了他们的饭碗，就开始捣毁机器，这股风潮越刮越大。最后，连拜伦庄园附近的诺丁汉袜厂也发生了联合罢工，政府出动了军队进行残酷镇压，还把对罢工和捣毁机器的工人判处死刑的法案提到了上议院。

拜伦目睹了这个事件，他的正义感和良心使他决定站出来替工人们讲话，对那些达官贵人们对工人惨无人道的镇压提出异议，1812年2月27日，拜伦在议会发表了演说。他慷慨激昂的讲演十分出色："人们动辄被定罪，证据是最明显不过的：贫穷就是死罪……你们的补救办法是什么呢？……这些骚动必须以死亡告终……你们法令中的死刑还不够多吗？……这些不

文学艺术家卷　053

畏你们刺刀的，忍饥挨饿的不幸的人会被绞刑架吓倒吗？"他的演说深得辉格党领袖们的称赞，他也为自己能为这些挣扎在死亡边缘的人出些力感到自豪。拜伦那沉寂了许久的心又一次激动起来，他似乎在一片迷惘之后又看到了自己生命的价值。

更令人兴奋的是数天后拜伦的《恰尔德·哈洛尔德游记》的第一、二章正式出版了，并且一出版就引起了轰动。对于由于10年的封锁而与欧洲大陆生活隔绝的英国来说，这样一篇游记为他们平淡乏味的生活打开了一片新的天空。长诗通过恰尔德·哈洛尔德这个虚构的主人公把诗的各个部分联结成一个整体。并通过他的游历生活描述了西班牙、马耳他、阿尔及利亚、希腊、土耳其等国不同的风光和风土人情，又通过一个抒情主人公对历史和当代重要的事件发表意见，把作者本人的独到见解进行了深刻的阐述。诗中的恰尔德·哈洛尔德是一个不得意的贵族青年、上流社会的孤独者，没有人爱他，他对别人也冷漠淡然。他于是离开了自己荒芜的城堡开始了漫长的旅途，而诗中的抒情主人公则是一位热情炽烈、精力充沛的旅行家，他激昂、热烈地歌颂各国人民争取自由的斗争，反映了那个时代先进的思想和愿望。拜伦在长诗中把这两个形象用艺术的手法穿联在一起，这种对比产生了强烈的艺术效果并引人深思。在这部长诗中，人们终于看到了拜伦天才诗人的灵光。

在《哈尔德·哈罗尔德游记》中，拜伦充分展示了自己天马行空般的激情，任意地追思古代，针砭现实，又用变幻多端的笔法向人们展示异域的风光。他的长诗给英国呆板的诗坛吹来了生机勃勃的气息。

拜伦终于找到了适合他自己的写作方式，多年酸涩的经历都成了促发他创作的原动力。由此看来，挫折和失败、痛苦与迷惘也是一种经验和资本，重要的是怎样挖掘和深化。

拜伦的生命之树，经历过风雨之后，终于迎来了彩霞满天。

《恰尔德·哈洛尔德游记》的成功使得拜伦一下子成为伦敦的焦点人物。平民们推崇他的反抗意识，贵族们欣赏他浪漫的文笔，许多有名望的人都想结识他，在他家门口常常是马车多得阻塞了道路。拜伦的诗才，他英俊苍白的面容，他淡然忧郁的眼神，他神秘的性格和经历，甚至他走路时由于跛脚而摇晃的身姿，都深深吸引着人们。

1812年，拜伦一下子成了英国社交界的宠儿，如日中天的人物。

相关链接
XIANGGUAN LIANJIE

恰尔德·哈洛尔德游记

英国著名浪漫主义诗人拜伦的经典之作，主要是通过恰尔德和诗人自己的浪漫抒情，表现了对拿破仑的侵略、英国干涉民族独立运动等各种暴政的愤怒；对莱茵河、阿尔卑斯山……以及意大利建筑和雕刻美的喜爱和欣赏；对卢梭、伏尔泰等启蒙主义大师的尊敬；对反抗压迫、争取独立与自由的各国人民的赞美和鼓动；以及对周围环境的厌恶和失望，有"抒情史诗"之称。

拜伦像

长诗前两章主要是描写在拿破仑铁蹄的践踏下，西班牙人民所遭受的苦难，他们的反抗以及对自由解放的渴望，歌颂由农民手工业者组成的游击队反对入侵者的英勇斗争，塑造了一位参加萨拉哥撒保卫战的西班牙女游击队员的光辉形象。对英国、西班牙、葡萄牙的统治者，对入侵者拿破仑，诗人表示了极大的憎恨。恰尔德·哈洛尔德来到希腊，希腊人民正遭受土耳其的奴役而尚未起来斗争。诗人站在被土耳其奴役的希腊土地上，眼看着灿烂而凄凉的历史遗迹，回忆着希腊伟大而光荣的过去，哀叹着近代希腊的懦弱，诗人激励希腊人民起来斗争，追回失去的自由："谁想要获得自由必须自己站起来斗争。"

相隔六七年之后，拜伦完成了第三章（1816）和第四章（1818）。这期间，诗人的生活发生了极大的转折——永远地被逐出祖国。他忍受着难以言状的忧郁、带着自尊和痛楚，从一个国土走向另一个国土。恰尔德·哈洛尔德的形象减弱，而诗人本人的形象大大加强，拜伦把自己的所见、所感、所想，随时随地地自由抒发出来，因此这两章政论色彩表现得异常强烈。这两章创作时间正值意大利、希腊等国人民斗争高涨之时，而诗人又同斗争发生了实际联系，从而使他的创作获得一种新的生气和力量，表现出了对自由必胜的信念。《游记》获得了极大成功,一经问世即轰动文坛,诗人声誉鹊起,不仅名噪英伦,而且风闻欧陆;他在日记里不无得意地写道:一觉醒来,发现自己已经成名。

《恰尔德·哈洛尔德游记》第一章(节选)

去国行

别了,别了!故国的海岸
消失在海水尽头;
汹涛狂啸,晚风悲叹,
海鸥也惊叫不休。
海上的红日冉冉西斜,
我的船乘风直追,
向太阳、向你暂时告别,
我的故乡呵,再会!

不几时,太阳又会出来,
又开始新的一天,
我又会招呼蓝天、碧海,
却难觅我的家园。
华美的第宅已荒无人影,
炉灶里火灭烟消,

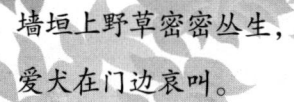

墙垣上野草密密丛生,
爱犬在门边哀叫。

"过来,过来,我的小书童!
你怎么伤心痛哭?
你是怕大海浪涛汹涌,
还是怕狂风震怒?
别哭了,快把眼泪擦干;
这条船又快又牢靠:
咱们家最快的猎鹰也难
飞得像这般轻巧。"

"风只管吼叫,浪只管打来,
我不怕惊风险浪,
可是,公子呵,您不必奇怪
我为何这样悲伤。
只因我这次拜别了老父,
又和我慈母分离,
离开了他们,我无亲无故,
只有您——还有上帝。"

"父亲祝福我平安吉利,
没怎么怨天尤人;
母亲少不了唉声叹气,
巴望我回转家门。"

"得了,得了,我的小伙子!
难怪你哭个没完;
若像你那样天真幼稚,
我也会热泪不干。"

"过来,过来,我的好伴当!
你怎么苍白失色?
你是怕法国敌寇凶狂,
还是怕暴风凶恶?"

"公子,您当我贪生怕死?
我不是那种脓包,
是因为挂念家中的妻子,
才这样苍白枯槁。"

"就在那湖边,离府上不远,
住着我妻儿一家,
孩子要他爹,声声哭喊,

积极行动的浪漫主义诗人 **拜伦**

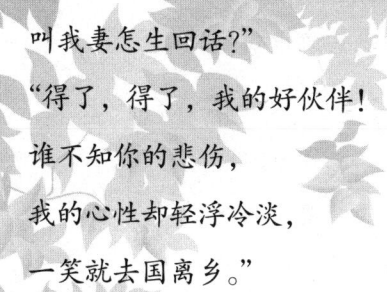

叫我妻怎生回话?"
"得了,得了,我的好伙伴!
谁不知你的悲伤,
我的心性却轻浮冷淡,
一笑就去国离乡。"

谁会相信妻子或情妇
虚情假意的伤感?
两眼方才还滂沱如注,
又嫣然笑对新欢。
我不为眼前的危难而忧伤,
也不为旧情悲悼;
伤心的倒是:世上没一样
值得我珠泪轻抛。

如今我一身孤孤单单,
在茫茫大海漂流;
没有任何人为我嗟叹,
我何必为别人忧愁?
我走后哀吠不休的爱犬
又有了新的主子;

过不了多久，我若敢近前，
会把我咬个半死。

船儿呵，全靠你，疾驶如飞，
横跨那滔滔海浪；
任凭你送我到天南地北，
只莫回我的故乡。
我向你欢呼，苍茫的碧海！
当陆地来到眼前，
我就欢呼那石窟、荒埃！
我的故乡呵，再见！

阿尔巴尼亚，19世纪初拜伦曾在此居住。

积极行动的浪漫主义诗人　**拜伦**

不幸的婚恋生活

啊！爱情！你不是尘世的居民——
你是一位看不见的六翼天使，我们信仰你——
一种信仰，它的殉难者便是破碎的心，
但是从没有人看见你，永远看不见你。
　　　　　　　　　　——拜伦

伦敦社交界的话题几乎都被拜伦占据了。男人们嫉妒他，女人们崇拜他。他的几位朋友罗杰斯、托马斯·穆尔、荷兰德勋爵，经常被一些要求写介绍信的人团团围住。一个叫伊丽莎白·巴雷特的小姑娘竟想女扮男装去做拜伦的仆童。在宴会上，听说拜伦要来，就会有许多人不请自到。一些贵妇们为了能坐在他旁边甚至会有意弄乱桌上的名单。

这时，有一位美丽迷人的贵妇卡罗琳·兰姆夫人疯狂地迷恋上了拜伦。她给拜伦写热情如火的情书，专门为取悦他而化妆，为满足他而举行各种聚会。这一切近乎疯狂的举动使得她的婆婆墨尔本夫人、母亲别斯保罗夫人都十分担心。

拜伦每天都被众多的女人包围着，他也喜欢女人。他有时会放纵地狂欢大笑，但快乐只是表面的，他的内心始终是忧郁而略带伤感的。在他眼里，世上的女人分两种：一种是保持天使般纯洁的女性，这是他真心所求所爱的女人，但他一生也没得到过。另一种就是寻欢作乐的对象，对这样的女人他是轻视和冷漠的，即使夜夜狂欢，也并不存一丝爱恋。

在拜伦看来，卡罗琳不属于这两种女人。她任性而放纵，不是他理想的对象，而作为寻欢作乐的对象，她又显得高贵而聪明。所以，拜伦虽然征服了卡罗琳，却对她并不热情。而卡罗琳对拜伦的痴迷连自己也说不清，她经常为了拜伦做出些离经叛道的事情。拜伦却从不以为然，疯狂的卡罗琳只会让他感到麻烦，而且她的丈夫威廉·兰姆是要成为英国未来的首相的，她的种种行为在伦敦上流社会的震荡就不难想象了。

最后，还是卡罗琳的婆婆墨尔本夫人亲自来找拜伦，这是一位温和高雅、善解人意的贵妇。她劝拜伦能顾及她们家族的名誉，拜伦乐得做一个顺水人情，答应和卡罗琳彻底分手。他离开这样的女人心中是从不会存在惋惜的。

离开卡罗琳不久，拜伦就接受了一位欣赏他的奥克斯福伯爵夫人的邀请，到她在哈福德郡的艾渥德山

积极行动的浪漫主义诗人　**拜伦**

← 拜伦像

庄去做客。伯爵夫人早年被父母当作牺牲品嫁给了身心都与常人不同的伯爵，所以就在文学艺术和恋爱活动中寻找人生的安慰和乐趣。

在艾渥德乡间别墅，伯爵夫人陪拜伦在林中漫步、读书、听音乐。已经40多岁的夫人非常善解人意，她总是适时地出现在拜伦身边，而当他沉浸在自己遐想的世界里顾及不到她时，她也毫不介意。拜伦在这里过得还算舒适。不久，伯爵夫人又找到了新的意中人，

文学艺术家卷　065

而拜伦也恰巧收到了姐姐奥古斯塔要去伦敦和他住上一段时间的信。

拜伦同父异母的姐姐奥古斯塔的婚姻生活并不幸福,丈夫是一个自私透顶的家伙。他除了赛马、赌钱外,就是追逐女人。很快他就债台高筑,最后连奥古斯塔的陪嫁都花光了,剩下奥古斯塔和3个孩子几乎到了山穷水尽的地步。于是,她只得暂时去依靠弟弟,1813年6月27日,拜伦把姐姐接到了家里。

拜伦从大约10年前见过姐姐一面外,再也没和姐姐会过面。所以这一次见面,他非常兴奋,而且一见面,他就为姐姐那姣好的容貌、温婉娴静的性情倾倒了。他发现自己和姐姐有许多相似之处,侧脸的轮廓、说话的音调以及沉思时的样子,都无不显示着拜伦家的血统。他可以跟奥古斯塔毫无顾忌地谈天。拜伦觉得奥古斯塔就是自己一直要寻找的那种女性,能给他温暖的友谊,母性的抚爱和炽烈的热望的女人,可奥古斯塔是他的姐姐。拜伦和姐姐的这种亲密无间的感情渐渐地惹来了满城风雨,连墨尔本夫人(卡罗琳的婆婆,现在已经成为拜伦无话不谈的知心的长辈)也来信劝他要注意一下公众的猜疑和好奇。

但拜伦的创作欲在这一时期却正处在高峰期。他把前年写的《异教徒》整理出版了。年底又发表了

《阿比多斯的新娘》,这是取材于土耳其叙述朱丽佳和弟弟塞利姆恋爱的故事。虽然这两个带有东方神秘色彩的故事引起了英国人对东方国家强烈的好奇和向往。但它们的男女畸形恋的题材却成了以后他的敌人攻击他的最好的口实。

1814年拜伦出版了长诗《海盗》,主人公海盗康拉德是典型的"拜伦式英雄"形象。康拉德是一个剽悍、奇特、孤独的人。他来无影,去无踪,犯过罪,却没有悔过和恐怖的心情。他是一个叛逆者的典型,但却有对爱情忠贞不渝的品德,所以当爱人梅多拉死去后,他抛弃一切飘然远去。也许,在拜伦的内心深处,同样有着康拉德式的侠骨柔情,只是从未向世人展示过罢了。

《海盗》是一部富于音乐美,辞藻华丽,委婉凄迷的爱情长诗,它一出版就卖出了1万多本。这部诗的出版更加确定了拜伦作为英国第一流诗人的地位。诗集中他还附印一首《给一位哭泣的淑女》,在这首短诗中他抨击了摄政王,影射他做太子时同情自由主义而当政后却采取高压政策的两面派作风。这首短诗大大地激怒了摄政王,也遭到托利党贵族们的攻击。但广大民众对《海盗》却给予很高的赞誉,他们把拜伦当作了苦于专制压迫的民众的代言人。拜伦的声名越来越大。

把《海盗》交给出版商墨瑞之后，拜伦就带着姐姐奥古斯塔回到了纽斯台德，在那里他们过着平静、安宁的生活。但等他再一次回到伦敦时，却迎来了攻击他的风暴。

因为拜伦在上议院一直采取激进的辉格党的观点，而且从不掩饰对拿破仑的崇敬。他还在上议院发表过为暴动工人辩护的演说，被人认为是"思想危险分子"。最后，由于他经常和姐姐奥古斯塔生活在一起，便被一些善于捕风捉影的人视为"生活放荡"。最主要的是拜伦如日中天的名声，轻视一切的傲慢，言论上的激进，引起了宿敌们巨大的仇恨。他们决定用各种各样的方式"埋葬拜伦"。

他渐渐地被他所属的贵族社会所抛弃，却被热情的民众视为知己。

充满了争议的1813年过去了。1814年，拜伦一个人孤零零地守在纽斯台德。他已经回到这里许久了，这里的安静使他有些烦躁，他想他应该结婚了。他已经厌倦了那种富于刺激性的恋爱了，可他又觉得自己也无法把握自己多变的性格。他写信给他的朋友说："我决心走向幸福夫妇的普通命运，是因为看够了众多的恋爱和结婚。我所忧伤而惧怕的，是结婚之后没有

积极行动的浪漫主义诗人　**拜伦**

拿破仑·波拿巴（1769-1821），法国近代资产阶级军事家、政治家。法兰西共和国第一执政(1799-1804)，法兰西第一帝国皇帝。拜伦在英国上议院一直采取激进的观点，从不掩饰自己对拿破仑的崇拜。

爱情——这是很容易发生的，……当我心绪不好的时候，很难想象我是个多么不容易对付的人。"这时，墨尔本夫人写信给他说，只有一个合法的妻子，才能拯

文学艺术家卷　069

救他,并且认为她的侄女安娜贝拉·米尔班克仍然是一个可能的选择。"安娜贝拉·米尔班克"?拜伦不由得回想起初识她的经历来。

那还是1812年的3月,拜伦参加了卡罗琳·兰姆夫人在墨尔本府邸举行的舞会,舞会中他第一次见到了安娜贝拉·米尔班克小姐。几天后,他会见了她,并从卡罗琳·兰姆夫人那里了解了一些关于她的情况。她是拉尔夫·米尔班克男爵的女儿,可以继承她舅父温德沃斯子爵的巨额财产。后来,拜伦在论宗教的讲座上见到她认真地记笔记。不仅如此,安娜贝拉还去参加论地球密度的课程并爱好数学。拜伦觉得这位米尔班克小姐有些与众不同,戏称她为"平行四边形公主"。尤令拜伦欣赏的是,这位"平行四边形公主"还会写诗,他觉得和自己这个"堕落的灵魂"相比,米尔班克小姐太完美了。

当时,被卡罗琳·兰姆夫人困扰的拜伦心情烦躁,墨尔本夫人曾劝他最好结婚。拜伦便说,他愿娶安娜贝拉·米尔班克小姐为妻。这使墨尔本夫人大吃一惊,但或许正是安娜贝拉的正经、庄重,对拜伦的疏远,使得他觉得这是一位可敬重的女人。他对墨尔本夫人说:"尊重和信任比浪漫更会使结婚生活美满。她并不美得炫目,吸引太多的情敌,但她很俏,足以被她丈夫爱……"看来，这是拜伦第一次庄重的选择，他也倾向选择平实美满的婚姻了。

墨尔本夫人听了拜伦的话也觉得这两个性格完全相反的人或许能够吸引和互补，于是做起了媒人。安娜贝拉知道这个消息之后有一些高兴，因为表姐卡罗琳疯狂追求的人竟独钟情于自己。但她同时也清楚地看到拜伦个性中放荡、冲动的一面，而且他的那些私情使得她觉得拜伦的灵魂已经无可救药了，所以她写了一封委婉的信，回绝了拜伦的求婚。拜伦得知后吃了一惊，但并无怨言，而且更加尊重这位唯一把他拒之门外的女人。

可是事情并没有就此结束，两年多来，安娜贝拉·米尔班克并没有忘记拜伦。她一直担心着拜伦的所作所为，并为关于他的种种恶毒而荒谬的谣言而痛心。她心里升起了一种神圣的使命感，她觉得她有义务，而且只有她能够拯救这个放荡不羁的灵魂。于是，1814年8月，她给拜伦写了一封信，将自己以前的态度解释为另一种爱。

拜伦认真地写了回信说：他过去爱，现在爱，将来永远爱。他到现在还是最尊敬她的，在上帝面前宣誓做夫妻，没有人比她更合适了。拜伦还在信中诉说了那次被她拒绝后的苦恼。

安娜贝拉接到回信后深受感动，更坚定了自己的信心。从此，两人的信来往不断。于是，拜伦再一次寄出了求婚信，并焦急地等待着回音。安娜贝拉的信终于来了，她答应了。

拜伦欣喜若狂，他3天内写了3封信寄给安娜贝拉，热烈地表达自己幸福的心情。而且，从这一阶段他给友人们写的信来看，他对自己的婚姻是非常满意的。他认为只有安娜贝拉这种贞淑而虔诚的女人做妻子才能拯救自己。

不久以后，拜伦和安娜贝拉订婚了。

订婚后几个月，拜伦动身到西汉姆去看望安娜贝拉及她的父母。但是，他发现一切都和他所憧憬的大不一样。安娜贝拉的父母陈腐的趣味倒还在其次，安娜贝拉本人也不是他所期待的那种新娘。她总是沉默地注视着他，眼睛里充满着怀疑的神色。她对拜伦的信口胡言总是做着教授式的演绎、推理。她对自己的决定也显得犹豫不决。

这使拜伦很恼火。他喜欢墨尔本夫人、奥古斯塔、奥克斯福夫人那样的成熟通达、宽容大度、自如洒脱。他要求女人贞淑善良，同时又希望她们并不介意他的所作所为。也许这是每一个诗人的心中梦想的女人的综合特征。拜伦把自己的所有幻想都压宝似的押在了

未来的新娘身上。

但事情往往是这样，希望越大失望也就越大。况且他理想中的女性在现实生活中几乎是没有的。因为纯美善良的女人无法长期忍受他多变放荡的性格，而放荡的女人他又不真心喜欢。他的个性决定了他坎坷的命运。

安娜贝拉的种种怀疑的探寻正是由于对他的爱恋，他却看成是一种负担。拜伦甚至感到和安娜贝拉在一起有些气闷，他对自己的婚约有些后悔了。但这时安娜贝拉却已把自己珍藏多年的情感完全释放在拜伦身上了。

住了一阵子后，拜伦离开了西汉姆。这以后拜伦制造种种借口想推迟婚期，但安娜贝拉却更急迫了。于是，1815年1月2日，拜伦和安娜贝拉·米尔班克在西汉姆举行了婚礼。之后，这对新人踏上了旅程。

拜伦狂躁的性格很快就显露无余。他有时会咆哮着向安娜贝拉大喊娶她是为了报她拒绝他的仇，令安娜贝拉心惊胆战；有时又会用甜言蜜语哄得安娜贝拉心花怒放。但慢慢地，安娜贝拉也发现自己和拜伦完全是两种性格的人。拜伦天生浮躁，喜欢自由地驰骋在自由的王国里，不喜欢任何人的介入。而安娜贝拉则是一个理性的人，她因为全心全意地爱拜伦，而且她能完全地懂得拜伦，所以她希望进入拜伦的王国，并用自己的方式使拜伦的性格、气质严肃起来，可这恰恰是拜伦最不能忍受的。

← 拜伦像

婚后的生活对于安娜贝拉来说苦恼大于幸福，后来，已怀孕7个月的安娜贝拉只好请来姐姐奥古斯塔同住。1815年12月10日，他们的女儿奥古斯塔·艾达·拜伦出世了。月底，安娜贝拉接到母亲的信，告知她的舅舅温德沃子爵死了，叫他们夫妇到安娜贝拉继承的加克比庄园去住。拜伦并不想去，却像打发包袱一样催着刚生产的妻子快走。

安娜贝拉以为丈夫害了狂疯。她听从了医生关于"不要继续折磨拜伦的神经"的忠告，决定自己和孩子先去加克比。离家的前夜，安娜贝拉抱着女儿去和拜伦告别，拜伦只是冷冷地接待了她。而第二天出发时，他还在睡觉，也就没送她们母子二人。安娜贝拉抱着出生不久的婴儿孤独地离开了家。

谁也不会想到，这竟是拜伦夫妇的最后一别。

安娜贝拉回到了母亲身边，她原本胖胖的脸如今已变得苍白、消瘦，母亲几乎认不出她了。许多忧虑、恐惧和不安使得她睡不着觉。她的憔悴引起了父母的注意，她不得不说出一些实情。但她还是深爱着拜伦的，她认为他疯了，她有责任有义务照料他。她的父母虽然很气愤，可仍然觉得首先得把拜伦接来养病。

这时他们接到了受安娜贝拉之托去诊察拜伦病情的医生的报告，拜伦的精神并没有什么异常。安娜贝拉伤心欲绝，如果拜伦没有病，那么他所做的一切就太不近情理了。自己虽然深爱着这个男人，但她再也无法和他生活在一起了。她觉得无论作出多大努力，付出多大的牺牲都不可能拯救这个男人，她无权同一个注定要被罚入地狱的人生活在一起。而且，他们俩都是个性很强的人，他不会因她而改变自己，她也一样。她的理智让她做出了最痛苦的抉择——与拜伦分居，这样就彼此不再干扰了。一段婚姻的大幕还没完全展开，就匆匆地谢幕了。

拜伦接到通知后仿佛晴天霹雳，因为他手上还有安娜贝拉在路上给他写的柔情蜜意的信呢，可那是她听从医生的忠告，为了不刺激他而写的。拜伦这时却心慌了，他得承认，他还是爱着安娜贝拉的。于是，

他连忙写信，使出了浑身解数，向安娜贝拉诉说自己对她的情意，请她重新考虑她的决定。安娜贝拉看到拜伦的信的确动摇了，但她坚信再也不可能和拜伦共同生活了，并且认为自己的决定也是神的旨意，她对神的信仰是极其虔诚的。

经过双方律师协商，拜伦夫妇达成了协议。在结婚刚刚1年零3个月的时候，拜伦与安娜贝拉于1816年3月17日正式分居。分居的协议是，安娜贝拉年收入为1000英镑的嫁妆，她自己得一半，另一半给拜伦。诺埃尔夫人去世后，他们还将平分继承温特沃思所得的收入。

分居后，拜伦一个人住在他们在伦敦租的大房子里，寂寞和悲哀噬咬着他。他失去了那曾经认为是折磨他的女人，可他觉得自己却越来越喜欢她了。

拜伦夫妇分居的消息不胫而走。在公众的眼里，安娜贝拉是贞淑、沉静的英国美德的象征，所以拜伦自然就成了践踏婚姻的罪人。上一次由于他攻击摄政王而受到政敌的谴责，这一次他们的攻击更猛烈了。拜伦很快在社交界失了宠，有时当他和姐姐奥古斯塔去参加某个舞会时，室内的许多人甚至纷纷退席。

拜伦这一次仿佛被一切人抛弃了。

婚姻的破裂，政敌的攻击，上流社会的冷落，使

拜伦又一次堕入孤寂的深渊。他决定离开英国，重新踏上漫游的征途，他唯一挂念的是姐姐奥古斯塔，在临行前的一天他写信给安娜贝拉：

最后再说几句——话不多——你要注意听——我不期待你回信——回信也不重要——但是请听我说。我刚同奥古斯塔分手——几乎可以说，还需要告别的便是你了……我无论走到哪里——我打算到遥远的地方——我和你在今世决不会再相见——来世也不会相见……如果我有什么不幸的话，请客气地对待奥古斯塔；如果她已不在人世，请同样对待她的孩子……

1816年4月25日，拜伦登上了开往比利时的奥斯坦德的轮船。船开了，海风很大，拜伦站在甲板上，任风吹乱他栗色的头发。他那张英俊的脸上并无什么表情。

前方的路还很长，而他的漂泊才刚刚开始。也许他是注定一生漂泊的人。他被一些人抛弃虽然这是一件极痛苦的事情，却惊醒了睡在他内心的狮子。上帝在关闭他一扇窗的同时，又为他打开了一扇门。一种新的生活铺在了他的脚下。

相关链接
XIANGGUAN LIANJIE

拜伦诗歌《普罗米修斯》(节选)

一

巨人!在你不朽的眼睛看来

人寰所受的苦痛

是种种可悲的实情,

并不该为诸神蔑视、不睬;

但你的悲悯得到什么报酬?

积极行动的浪漫主义诗人　**拜伦**

是默默的痛楚,凝聚心头;
是面对着岩石、饿鹰和枷锁,
是骄傲的人才感到的痛苦;
还有他不愿透露的心酸,
那郁积胸中的苦情一段,
它只能在孤寂时吐露,
而就在吐露时,也得提防万一
天上有谁听见,更不能叹息,
除非它没有回音答复。

二

巨人呵!你被注定了要辗转
在痛苦和你的意志之间,
不能致死,却要历尽磨难;
而那木然无情的上天,
那"命运"的耳聋的王座,
那至高的"憎恨"的原则
(它为了游戏创造出一切,
然后又把造物一一毁灭),
甚至不给你死的幸福;
"永恒"——这最不幸的天赋
是你的:而你却善于忍受

司雷的大神逼出了你什么?

除了你给他的一句诅咒:

你要报复被系身的折磨。

你能够推知未来的命运,

但却不肯说出求得和解;

你的沉默成了他的判决,

他的灵魂正枉然地悔恨:

呵,他怎能掩饰那邪恶的惊悸,

他手中的电闪一直在战栗。

普罗米修斯塑像

最终的漂泊与《堂璜》

> 我不后悔我所做过的一切，只是悔恨我想做而没有做成的事情。
> ——拜伦

拜伦不得不再一次踏上了漂泊之旅，离开了祖国。他也许没有想到，这一去便和生他养他的那片土地永别了。

轮船靠岸后，拜伦就坐上了富丽堂皇的马车向比利时的首都布鲁塞尔进发。到了布鲁塞尔后，因为马车需要修理，他就和朋友利用这个时间来到了拿破仑最终失利的滑铁卢战场。

拜伦一向崇拜拿破仑，钦佩他不可一世的雄风和力量。如今，他走在这片曾充满着厮杀的战场上，寻找往日的残骸。昔日的战场已经变为农田。谁能想到就在这片平凡而空旷的原野上，一天之内，葬送了一代英雄半生的伟业。事业、荣誉亦不过是过眼烟云罢了。

拜伦似乎悟到了什么，又似乎什么也没悟到。这时，他决定续写《恰尔德·哈罗尔德游记》。漂泊对于诗人本身是不幸的，但却有幸于他的诗歌。

拜伦继续踏上了他的征途，由于法国政府认为他是"思想危险分子"，不准他入境，所以他只得绕道由莱茵河前往瑞士。一路上到处都是拿破仑的遗迹，到处都刻着N·B的字样（拿破仑·波拿巴的缩写），正好跟他名字诺艾尔·拜伦的缩写一样。这种巧合对他来说仿佛是一种启示，拜伦看到它们时无比兴奋。

1816年5月25日，拜伦一行人来到了日内瓦湖畔，美丽的瑞士风光展现在眼前。拜伦下榻在戴让旅馆。碰巧的是，在旅馆里他遇到了在英国时的最后一个情人克莱尔·克莱尔蒙特以及克莱尔的姐姐玛丽·葛德文和另一位年轻英俊的小伙子。他是玛丽的情人——波西·比希·雪莱。克莱尔介绍拜伦和雪莱相识。拜伦虽然没见过雪莱，但读过他的长诗《麦布女王》，推崇他的诗才。文学史上两大诗人相知相交的佳话从此开始了。

雪莱也出生于一个古老

←1816年拜伦来到了风光秀丽的日内瓦湖畔

积极行动的浪漫主义诗人 **拜伦**

的贵族家族,父亲蒂莫西·雪莱是下议院议员,赞成保守派观点。雪莱天生美丽、腼腆,是古希腊雕像一样的美少年,但在秀美的外表下却藏着一颗倔强、有个性的心。他在贵族学校伊顿中学读书时就曾在泰晤士河畔发誓,一生誓必正直、明慧而自由,誓不做利己的、有权势的人们的臣仆,并决心把一生献给对美的崇拜。

1810年,雪莱进入牛津大学读书。读书期间,受18世纪法国唯物论者和葛德文著作的影响,与传统观念决裂,摆脱了宗教观走向无神论。但也正是因为他政治、哲学上的这些观点,被牛津大学视为不安定分子而被开除。他的父亲得知这件事极为恼火,停止了对他的资助。即便如此,雪莱仍不放弃自己的信念,还曾到爱尔兰去参加那里的民族解放运动。雪莱的种种行为引起了资产阶级对他的仇视。又由于雪莱和自己的妻子哈丽艾特·威斯布鲁克离婚,而同葛德文的女儿玛丽结合,他的政敌们就借着他破坏道德的罪名对他进行猖狂的迫害。结果,他不得不流亡国外。

拜伦和雪莱,这两个被英国上流社会所摒弃的叛逆者,两位人类文学史上光彩夺目的诗人,在同样的命运、同样的原因下被迫流亡,但有幸相识于美丽的日内瓦湖畔。

文学艺术家卷

拜伦和雪莱一见如故，很快就成了难舍难分、惺惺相惜的朋友。他们的性格相距很远：拜伦有着客观地观察现实的能力，也有强烈地批判社会的力量，他可以明确地洞察人心，虽然他还具有浪漫、感伤的一面，并追求刺激、热烈的情爱生活，但并不损伤客观性的一面。他是一个非凡的社会活动家，但也许由于脑海中总残留着浪漫的幻想，所以看起来像一个生活在文明社会的勇武的海盗船长。而雪莱则不然，他纯洁、秀美得如"风的精灵"，"水的天使"，在他的心里完全没有私欲、杂念、贪欲，他像一个游离在现实生活中的自由因子。他总是从自己纯真和美的角度去看待现实人生，他是世间少有的水晶般透明而纯美的人。虽然他们俩的个性差别很大，但他们都鄙视专制压迫，热爱独立和自由，有着为理想不惜牺牲

← 雪莱像

一切的勇气和毅力。而且，在当时雪莱还没有成名，拜伦却独具慧眼地看出了雪莱的诗才，并且从心里认为他是胜过自己的伟大诗人。雪莱也同样从心里敬重拜伦。因此，可以说他们俩的相遇相知是偶然，也是必然。

不久，雪莱夫妇在日内瓦郊外的莱蒙湖东岸租了一间农舍，拜伦则在他们上面租了迷人的狄沃达蒂别墅住了下来。拜伦住的这幢房子坐落在半山腰上，从这里望出去就是绿油油的草坪和葡萄园，隔着莱蒙湖又可遥望日内瓦城和佚罗山的风景。拜伦躁动不安的心、抑郁的情绪在这湖光山色中平静了许多。人世间的烦恼在这宁静秀美的大自然中显得微不足道了。

拜伦经常与雪莱一家相约到湖中泛舟，或到自己的别墅来共度黄昏。但拜伦从心底里轻视雪莱的妻妹、他从前的情人克莱尔。因为她是在他临离开英国的那段日子里写匿名情书，并主动投上门来的。但雪莱却并不知情，他极力撮合拜伦和克莱尔重拾旧梦。拜伦心中虽不情愿，但还是领了雪莱的好意。

在雪莱眼中的一段美好姻缘，对拜伦来说只不过是生活无聊时的小点缀。

从对待克莱尔这件事我们可以看出雪莱和拜伦的截然不同。雪莱认为对于纯洁的人来说，一切都是纯

洁的。他相信，美是唯一的自然现实，与和谐相一致，而女性就是美、善的化身。他总是尽心尽力地呵护、关爱女性。但这并不影响两个年轻的诗人探讨人生、理想和诗歌，他们还结伴游览了许多古迹，并写下了不少诗篇。

在两人的交往和漫游中，雪莱开始劝说拜伦读一点华兹华斯的诗，而华兹华斯是拜伦以前在《英格兰诗人和苏格兰评论家》中抨击过的。但是在雪莱的影响下，在平静优美的湖光山色中，拜伦还是吸收了华兹华斯诗歌中高雅温柔的特点。所以，在他的《恰尔德·哈洛尔德游记》第三章中，多了一些平和安静的因素。

但拜伦的平和与安静总带着一丝伤感。他在给姐姐奥古斯塔写的信中曾说："我觉得好像心脏被人踩烂了一样，一生也不能治好这伤痕了。"他觉得再也不能爱什么人了，所以对已和他同居的克莱尔一直很冷淡。于是，雪莱夫妇离开时带走了已经怀孕的克莱尔。

后来，诗人马修·路易斯曾来拜访拜伦，并为他翻译了歌德的《浮士德》的片段。拜伦觉得心里像被什么重击了一下。浮士德对宇宙的古老话题的疑问不正是自己的疑惑吗？与魔鬼订契约，失去玛格丽特——这不也正是自己的经历吗？

积极行动的浪漫主义诗人 拜伦

拜伦心中沉淀的疑问和困惑都被《浮士德》搅了起来。他开始对自己的内心进行拷问，寻求心中一直困扰的迷惑的答案。

于是《浮士德》带给拜伦心灵的震撼，阿尔卑斯山山脉壮丽风景对创作灵感的催发，促使拜伦完成了一部伟大的哲理诗剧《曼弗瑞德》。

曼弗瑞德是阿尔卑斯山中一座封建城镇的领主，富有而博学，但一直为自己曾犯下的弥天大罪受到心灵的折磨。所以当7个精灵问他有何要求时，他的回答是——忘却心中的一切。这不仅是曼弗瑞德的烦恼，同时也是拜伦的烦恼和解不开的困惑。曼弗瑞德不放弃人类的思想自由和独立的意志，不顾一切危险，不受一切诱惑的精神，都显示了拜伦的本性。《曼弗瑞德》可以算是拜伦内心复杂斗争的真实写照。诗剧中曼弗瑞德的死也从侧面反映了拜伦的极端个人主义的破灭。

长时间离群索居的拜伦再也过不下去了。他是一个精力旺盛的活动家，而不是闭门不出的思考者。拜伦决定离开瑞士的幽闭的生活，到时代的洪流中去搏击。

1816年秋，阿尔卑斯山凉爽但带有寒意的风吹起来了，拜伦开始思念温暖如夏的意大利和希腊。

自从上一次地中海地区的旅行之后，拜伦一直心系着那片古老而神奇的土地。那里的晴空碧海，葱绿的橄榄和柠檬树林，点点的渔帆，月朗星稀的夜晚，经常萦绕在他的脑际。这一年10月初，拜伦再也抑制不住心中的渴望，同到瑞士来看他的好友霍布豪斯启程出发了。没多久，他们翻过阿尔卑斯山到达了北意大利的首府米兰。

　　因为拿破仑的倒台使不幸的意大利再次遭受外国的统治，被分割成几个小国。专制暴政主宰着这个国家，到处都是暗探监视着人们的行动。但哪里专制压迫越大，哪里人民的反抗意识越强。意大利自由主义者和爱国志士们秘密地组织团体，谋划着推翻侵略者的暴政。拜伦从来都是个勇敢的为自由而战的斗士，他的诗也经常被当作颂扬自由、独立的武器。

　　一到米兰，拜伦便同意大利自由主义爱国者联系上了。在这里，拜伦亲身经历了被压迫民族的解放运动，领略到了在真正的苦难和贫困中挣扎的意大利人民的血和泪，这使他对现

← 1816年10月，拜伦来到了米兰。

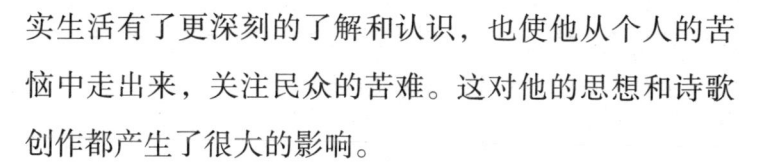

实生活有了更深刻的了解和认识，也使他从个人的苦恼中走出来，关注民众的苦难。这对他的思想和诗歌创作都产生了很大的影响。

11月，拜伦和霍布豪斯离开了米兰，向南部进发。他们经过布雷西亚、维罗纳（这是莎士比亚戏剧《罗密欧与朱丽叶》的故事发生的城市），又经过维琴察，在一个暮色朦胧的晚上，他们抵达了水上之都威尼斯。

威尼斯的夜晚富有独特的韵味，家家窗口闪烁着灯光，运河上也像是洒满了碎银，他们乘坐的小船在这"人间仙境"缓缓前行，最后他们下榻在豪华的大布列塔尼旅馆。拜伦终于来到了他一直梦想的地方。

威尼斯是12到17世纪间，东方各国与西欧各国进行贸易的中心，它的繁华曾盛极一时。现在虽然它已衰落了，但往昔的荣华依然可辨。150条运河，378座桥，宽阔宏伟的圣马可广场，运河两岸豪华的宅邸，都引起了拜伦浓厚的兴趣。虽然好友霍布豪斯已动身去了罗马，他还是留在了威尼斯，他兴奋地写信给在伦敦的墨瑞说：

> 我的期望是很大的，威尼斯正使我得到我所预期的欢悦。我爱小船里的昏暗的阳光。爱运河的沉默，市内的荒墟也不讨厌，况且狂欢

节快要来了。……由于好奇心，我在学这个地方的方言，我感到完全的满足。

最让拜伦心醉的是威尼斯的狂欢节，这是威尼斯狂闹而神秘的时刻。人们穿上土耳其的、犹太的、希腊的、罗马的服装在街上跳舞，嬉闹；随风飘荡的琴声、歌声通宵达旦。

拜伦在这里感受到了身心的自由和放松，又恢复了放荡不羁的原形。夜夜笙歌的生活损害了他的健康，没多久就病倒了。直到第二年春天才有所好转。

医生建议他出去换换空气，霍布豪斯也竭力邀请他去温暖的罗马。是的，要继续写《恰尔德·哈洛尔德》还需罗马的题材呢，想到这儿，拜伦便动身前往罗马了。

1816年11月，拜伦来到威尼斯游历。

积极行动的浪漫主义诗人　拜伦

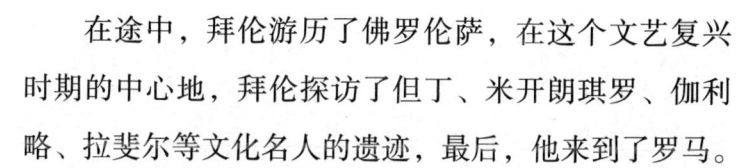

在途中,拜伦游历了佛罗伦萨,在这个文艺复兴时期的中心地,拜伦探访了但丁、米开朗琪罗、伽利略、拉斐尔等文化名人的遗迹,最后,他来到了罗马。

罗马的一切都让拜伦激动进而沉思。这里的富丽堂皇和颓败衰落,金碧辉煌和断壁残垣,它们充满了拜伦的视线同时冲击着他的思想。他用诗歌表达自己复杂的心情:

> 去了,去了!崇高的城!而今你安在?
> 还有那三百次的胜利!还有那一天
> 布鲁图以他的匕首的锋利明快
> 比征服者的剑更使名声远远流传!
> 去了,塔利的声音,维吉尔的诗歌
> 和李维的史图册!但这些将永远
> 使罗马复活,此外一切都已凋落。
> 唉,悲乎大地!因为我们再也看不见
> 当罗马自由之时她目光的灿烂!

拜伦喜欢站在罗马的废墟上,追思那些曾经声名显赫的风云人物。他感觉自己的血也开始沸腾。这是一个动乱的年代,不也正是自己大显身手的年代吗?拜伦心中的诗情又涌动起来。从罗马回到威尼斯后,

拜伦曾经站在罗马废墟上,追思那些声名显赫的人物。

拜伦在小县拉·米拉租了房子住下来,潜心完成他的长诗《恰尔德·哈洛尔德游记》的第四章。这部伟大的浪漫主义长诗终于完成了。

  总的说来,长诗蕴含着浪漫主义激情和冷静的思考,触及了欧洲资本主义现实和民族运动的迫切问题。其中最主要的是贯穿全篇的反对侵略和民族压迫,热爱独立、自由的思想。他用热情的笔墨抒写对自由的礼赞:

  但自由啊,你的旗帜虽破而仍飘扬天空,
  招展着,就像雷雨似的迎接狂风;
  你的号角虽已中断,余音渐渐低沉,

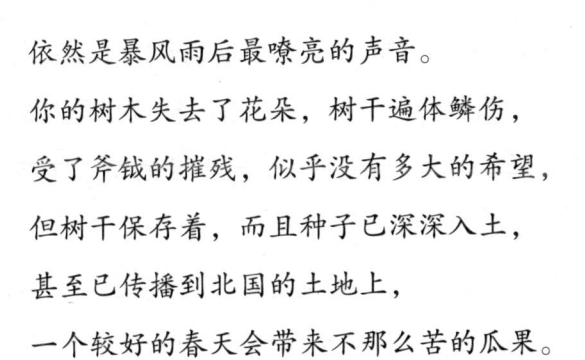

依然是暴风雨后最嘹亮的声音。
你的树木失去了花朵，树干遍体鳞伤，
受了斧钺的摧残，似乎没有多大的希望，
但树干保存着，而且种子已深深入土，
甚至已传播到北国的土地上，
一个较好的春天会带来不那么苦的瓜果。

  长诗还对在土耳其、奥地利奴役下的希腊和意大利表示愤慨与悲叹。诗人饱含激情地歌颂了希腊、罗马古代的光荣，谴责当今的屈辱，以期唤醒希腊和意大利人民的反抗精神。

  当然，诗中也明显地表现了唯心主义和悲观主义的思想情绪。有时又对人民的力量估计不足，从而过高地肯定了个别英雄的历史作用。

  但总体说来，《恰尔德·哈洛尔德游记》进步的思想倾向、纯熟的艺术技巧和酣畅淋漓的语言都使拜伦毫不逊色地跻身于世界伟大诗人之林。他咆哮般的激情、强烈的爱憎深深地感染着、震撼着人们的心。

  拜伦曾说过，他很想用一个词来表达所有的思想、欲望和感受。"那么，这个词就是'闪电'"。拜伦的思想就像套在鞘中的剑一样深藏在心中。

  《恰尔德·哈洛尔德游记》不是他思想探索的终

结，而是一个开端。之后，他又试着以威尼斯为题材写了一个讽刺诗《贝波》，故事的格调很适合他愤世嫉俗的心境。从此，他作为诗人生涯的第二个重要阶段拉开了序幕。

　　拜伦虽然身处异国他乡，却一直以信件和国内的亲戚朋友保持联系，尤其是他心爱的姐姐奥古斯塔，给她写信或收到她的来信都是他漂泊生活的乐趣。但是从在瑞士期间的末期起，他感到奥古斯塔的信越来越少，而且信的内容也越来越冷淡。几次写信去问原因，奥古斯塔也不理会。原来，这一切都是由安娜贝拉引起的。安娜贝拉自从和拜伦分居后，渐渐由爱转为恨。认为要拯救拜伦的灵魂就是要使他和姐姐奥古斯塔疏远，让他们不再产生邪恶的念头，不再摧毁自己的名誉。善良简单的奥古斯塔听信了安娜贝拉条条有理的叙述。于是，凡是拜伦寄来的信她都给安娜贝拉过目，并按照安娜贝拉的要求给拜伦回冷淡的信。结果，拜伦渐渐失去了他心中唯一的亲人，并且到死也不明白为什么最亲爱的姐姐会对他这样。

　　1818年4月，拜伦一直敬重、信赖的墨尔本夫人逝世了。消息从英国传来，拜伦陷入异常的悲哀中。墨尔本夫人对待任性而放荡的拜伦极亲切和善，有时像母亲，有时像恋人，有时又像师长一样耐心地引导、安抚他。她的去世给拜伦的打击是可想而知的。

生活中复杂的经历，情感上的一次次打击使得拜伦变了，在恰尔德·哈洛尔德式的旷达豪放中，又添了许多沉静与深刻。拜伦的情感走向成熟，他的创作也开始迈向成熟的峰巅。

这时候，他已经在运河边上租下了一套大房子，叫莫哲民哥公馆。如今，他也像在威尼斯出生的人一样有了自己的宅邸，而且他的囊中也已不再羞涩了。《恰尔德·哈洛尔德游记》的版税一章有1000镑以上。他的诗稿在威尼斯一章也值1000金币。除此之外，他和安娜贝拉分居时定的条件中规定，安娜贝拉每年收入里有500镑给拜伦。最后，纽斯台德也转卖了，得了94500英镑的巨款，虽然被放债人、安娜贝拉的安家费、律师费分了个干净，但从安娜贝拉的财产中，他每年可以得到3300镑的利息。这样，拜伦成了意大利首屈一指的富翁。

拜伦一有了钱，生活就越发显得随心所欲。对于花钱，拜伦从来都是最擅长的。他经常不自觉地坠入花钱买快乐的泥潭，虽然他明白这只不过是一时的麻醉品，但他无法控制自己。

在威尼斯，他买了小船，涂上蓝白相间的花纹。家中还养了狗、猴子、狼、狐狸，而且还有鹅、鹦鹉、

孔雀围着他又叫又飞。家里热闹得像个动物园。但热闹是它们的，在喧闹中更显出拜伦的落寞和孤寂。亲人、朋友离他越来越远。他甚至听不到对手们对他的咒骂了。

最大的痛苦不是被人仇视、诅咒和攻击，而是被人忽略和遗忘。拜伦陷入了更深的寂寞。

有一点值得安慰的是，克莱尔在英国给拜伦生下了一个女儿，并由雪莱夫妇送到了拜伦身边。这个长得十分漂亮的小姑娘，很快就成了威尼斯夫人们的宠儿，拜伦给她取名叫阿格列拉，典型的威尼斯人的名字。

流离的不规律的生活，心情的时好时坏使得还不到30岁的拜伦已有银丝爬上了褐发，丰润的脸颊也变得苍白、浮肿、灰黄。拜伦已感到了青春的飞逝，他开始对自己所走过的道路进行回顾。此时，他的意大利语已经掌握得比较好了。他时常读一些意大利的文学作品。卡斯蒂的小品故事诗，意大利讽刺诗的鼻祖蒲尔契的诗及勃尼典雅艳丽的诗，都使拜伦获益匪浅。他开始学会用反语代替痛骂，用揶揄代表憎恶，用自由自在的闲谈趣味代替形式主义，用千变万化的插话去代替平板和单调，用劳动人民的俗语和比喻去代替大道理的说教，用广泛的人类爱去代替"英国至上主

积极行动的浪漫主义诗人　**拜伦**

义""曼弗瑞德"的苦闷彷徨,"恰尔 德·哈洛尔德"式的忧郁放达渐渐消失,拜伦新的创作风格显露出来了。

与此同时拜伦开始了他的杰作《堂璜》的创作,转向严肃的人生批判。

就在拜伦开始新的写作生涯的时刻,他的个人生活也发生了改变。一个年轻美丽的女人闯进了他的生活,她叫特瑞亚·归齐奥列。认识拜伦时她才17岁,一年前嫁给了60岁的老伯爵。她不但年轻貌美还有着很高的修养。拜伦尘封在心底里的向往的女性形象复活了,他的热情也迅猛地燃烧起来,在他日益苍老的心中沸腾着不可遏制的激情。

厌倦了放荡的生活之后,拜伦开始追求有教养的、

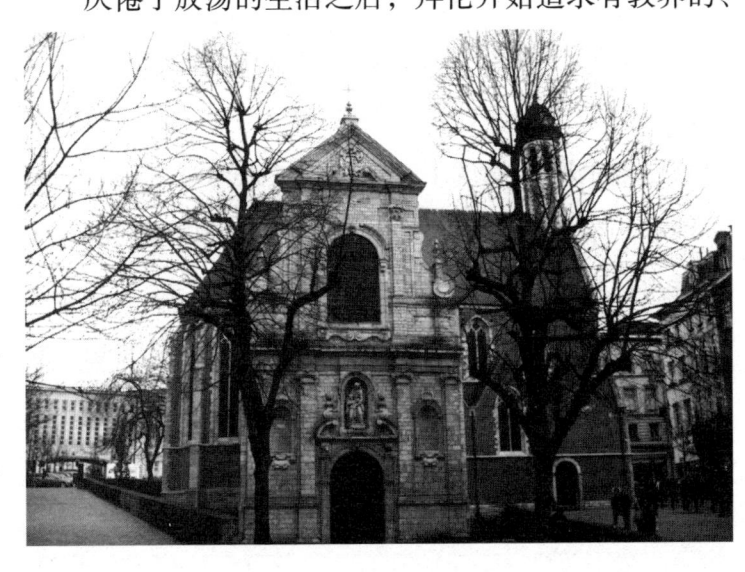

→布鲁塞尔,1816年拜伦曾到此游历。

聪慧温柔的女性以抚平他的创伤,他渴望的不仅仅是肉欲的,而是精神上的慰藉。他在纯真柔美、无私的特瑞亚这里找到了平静安宁的幸福感。

拜伦和特瑞亚相携着在林中漫步,骑马看风景,听歌剧。他还听从特瑞亚的话留起了络腮胡须,蓄起长发,像一个浪漫的音乐家。特瑞亚不像安娜贝拉那样时时以理性的目光盯视拜伦,她热情如火,但又不像卡罗琳那样疯狂得想让拜伦逃走。拜伦跟她在一起无拘无束,放松自由。

但拜伦总觉得好像有什么东西催促着他躁动不安的心。他是天生的叛逆者,他的内心始终涌动着追风逐浪的冒险精神,他从来都没远离过民族独立、反对专制、反对战争的运动。在民族解放运动如火如荼的意大利,拜伦怎么能袖手旁观呢?他秘密地加入了博洛尼亚的革命团体,拿钱给他们,供给他们武器。结果被政府的暗探发现了,常常处在被监视之中。面对危险他坦然自若,他已经准备为一个自由解放的意大利作出任何牺牲。他曾经在日记中这样写道:"这是一个多么宏伟的目标——真正的政治诗篇。只要想一想——一个自由的意大利!!! 要知道自奥古斯都以来从未有过这样的事情。"

在这种情况下,拜伦仍继续着《堂璜》的创作,他的笔法也更沉郁而圆熟了。

1821年1月22日，拜伦满33岁了。他对自己说："我现在已33岁了！但是我不后悔我所做过的一切，只是悔恨我想做而没有做成的事情。"这是一个成熟的男子的无悔的总结和有力的宣言，他知道还有更广阔的生活在召唤他。

但一个噩耗传来，击碎了他的心。第二年的8月，好友雪莱死于沉船。拜伦赶到海边默默地火葬了雪莱的遗体，很长一段时间沉默无言。雪莱生前一直受到英国政府的迫害，过着颠沛流离的生活。拜伦决心擦干眼泪，为维护朋友身后的声名而战——"世人严重误解了他。到今天为止我所认识的人里面，他是最善良而没有丝毫私欲的人。出现在会客厅里的绅士，只有他是最完美的、没有缺点的。"

拜伦觉得应该做点什么，他又拿起了笔，伟大的诗作《堂璜》在愤慨、激昂中洋洋洒洒地抒写出来。

《堂璜》是拜伦的才华和诗歌艺术的最高结晶，被歌德称之为"绝顶的天才之作"。长诗共16章，16000多行，内容极其广泛宏大。虽然仍带有一点自传色彩，但更多地加入了对社会现实和人生的深刻思考。长诗触及18世纪末到19世纪初的欧洲社会的许多问题，反对专制暴政、反对封建复辟斗争是它的基本主

题，辛辣的讽刺则是它的基调。全诗的故事情节围绕主人公的命运展开。

堂璜是一个风流倜傥的西班牙塞维尔城的放荡少年，自幼受荒唐的贵族社会的熏陶和口是心非的双亲的耳濡目染，16岁就和母亲23岁的女朋友朱丽亚惹出了桃色艳闻，为保住贵族的声誉，不得不出走异乡。之后他虽在海上遇险，却被海盗的女儿救起，随后两人萌发了爱情。结果被女孩当海盗的父亲砍伤，送上了贩卖奴隶的船只。在君士坦丁堡又被土耳其苏丹的王妃买去，并发生了私情。后来堂璜逃出了苏丹后宫，偶然来到了俄国和土耳其交战的伊兹梅尔。又由于碰巧进入了女沙皇叶卡特琳娜的皇宫，成为女皇的宠臣。接着又幸运地出使英国，经历了虚伪的官场、豪华的舞会、奢靡无度的宴饮，以及古堡之夜爱的追逐。至此，长诗情节中断。

堂璜是一个荒谬的欧洲的畸形产儿，具有明显的二重性。前期勇敢、顽强，追求个性发展，反抗暴力，体恤弱者，对爱情也基本忠贞；而后期则放纵情欲，贪恋享受，随波逐流，腐败堕落。拜伦塑造的这个人物的价值在于证实欧洲各国社会的畸形、腐败和不应存在，而且在长诗中，拜伦对堂璜的讽刺和批判超过对他的欣赏。《堂璜》不是对恶德的赞美，而是对当时

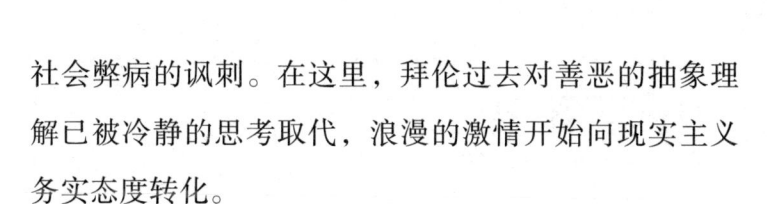

社会弊病的讽刺。在这里，拜伦过去对善恶的抽象理解已被冷静的思考取代，浪漫的激情开始向现实主义务实态度转化。

而且，在这部长诗中，拜伦诗歌艺术达到了炉火纯青的境界。他创造了一种全新的诗体，混合着史诗、小说、戏剧、政论等等的特点。布局也极富独创性，将重叠的情节线索纳入双重结构中，构成浑然的有机整体，表现技巧丰富，诗歌语言摇曳多姿。

拜伦在《堂璜》中倾注了全部的热情和心血，他的性格的复杂性也表现在诗句中。同时，也正是这些复杂性使得他的诗、他的人散发出迷人的魅力。他有极其敏锐的感受外界变化的能力，所以他的欢乐、悲哀、嗟叹、爱憎都超过常人一倍。因此在比常人多舛的命运中，他所感受的一切痛苦和喜悦，也是人们无法想象的。正是这种反差，这种喜与忧、爱与憎的不平衡腐蚀了他，也成就了他。

《堂璜》留给后人的影响是巨大的，海涅、歌德、雨果、普希金、莱蒙托夫等著名诗人都从中吸取过营养。所以，歌德说，拜伦"比英国其他一切诗人都更伟大"，"拜伦是代表时代精神的"。

相关链接
XIANGGUAN LIANJIE

英国浪漫主义诗人雪莱

雪莱（Percy Bysshe Shelley，1792－1822），出生于苏塞克斯郡一个古老的贵族家庭，祖父是个男爵，父亲属于代表工商业资产阶级和新贵族利益的辉格党，当过国会议员，思想保守。雪莱自幼聪颖，8岁时就开始尝试诗歌创作，在伊顿的几年里，雪莱与其表兄托马斯合作了诗《流浪的犹太人》，并出版了讽刺小说《扎斯特罗奇》。

1810年，18岁的雪莱进入牛津大学，深受英国自由思想家休谟以及葛德文等人著作的影响，雪莱习惯性地将他关于上帝、政治和社会等问题的想法写成小册子散发给一些素不相识的人，并询问他们看后的意见。1811年3月25日，由于散发《无神论的必然》（The Necessity of Atheism），入学不足一年的雪莱被牛津大学开除，并被保守的父亲逐出了家门。

1812年2月12日，雪莱携妻子前往都柏林支持

积极行动的浪漫主义诗人 **拜伦**

玛丽·雪莱（1797—1851），英国著名小说家，雪莱的第二任妻子，因其1818年创作文学史上第一部科幻小说《弗兰肯斯坦》（或译《科学怪人》），而被誉为"科幻小说之母"。

爱尔兰天主教徒的解放事业，在那里雪莱发表了慷慨激昂的演说，并散发《告爱尔兰人民书》以及《成立博爱主义者协会倡议书》。在政治热情的驱使下，此后的一年里雪莱在英国各地旅行，散发他自由思想的小册子。同年11月完成叙事长诗《麦布女王》，这首诗富于哲理，抨击宗教的伪善、封建阶级与劳动阶级当中存在的所有的不平等。

1815年5月，雪莱携妻子玛丽同游欧洲，在日内瓦湖畔与拜伦相遇，并开始了二人保持终生的友谊。1818年至1819年，雪莱完成了两部重要的长诗《解放了的普罗米修斯》

文学艺术家卷 103

和《倩契》，以及其不朽的名作《西风颂》。《倩契》被英国的评论家称为"当代最恶劣的作品，似出于恶魔之手"。

1822年7月8日，雪莱乘坐自己建造的小船"唐璜号"从莱杭渡海返回勒瑞奇途中遇风暴，覆舟身死，年仅29岁。按托斯卡纳当地法律规定，任何海上漂来的物体都必须付之一炬，雪莱的遗体由他生前的好友拜伦等人以希腊式的仪式来安排火化。雪莱是诗坛上的普罗米修斯，他通过诗歌创作，向被压迫的人民、被奴役的民族传播革命的火种。马克思热情称赞他是一位真正的革命家、社会主义的急先锋，恩格斯则称他为"天才的预言家"。

← 雪莱墓

雪莱名言

浅水是喧哗的,深水是沉默的。

道德中最大的秘密是爱。

饥饿和爱情统治着世界。

如果冬天来了,春天还会远吗?

过去属于死神,未来属于你自己。

读书越多,越感到腹中空虚。

微笑,实在是仁爱的象征、快乐的源泉、亲近别人的媒介。有了笑,人类的感情就沟通了。

爱情就像灯光,同时照两个人,光辉并不会减弱。

希望会使人年轻,因为希望和青春是一对同胞兄弟。

献身希腊的英雄

寻找吧——不需怎样寻找就能发现——
一个战士的坟墓，对你最合宜；
然后四面看看，选择你的土地，
于是你就永远安息。

——拜伦

拜伦对于被压迫民族的解放运动从来没有袖手旁观过。在意大利，他很早就和意大利革命党员有了关系，加入了有名的烧炭党的秘密组织。而特瑞萨一家是烧炭党的重要成员，特瑞萨的哥哥甘巴还是烧炭党的领导人之一。拜伦出资帮助烧炭党人购买武器弹药，让自己的住宅成为革命者秘密活动的据点。后来，意大利烧炭党反抗奥地利的运动失败了，甘巴一家也被赶离家园。拜伦最后决定奔赴希腊，参加那里

← 拜伦像

积极行动的浪漫主义诗人　拜伦

的民族解放斗争。

　　早在1820年，他就在一首抒情小诗中写道：

　　　假如你一旦不能为自己的故国进行战斗时，
　　　怎么办呢？那么去为邻居而斗争吧，
　　　为希腊的正义和罗马的自由而献身去吧
……

　　拜伦早在第一次出国旅行时就到过希腊，被那里古老的文明所吸引，同时又为它在土耳其统治的铁蹄下呻吟而哀伤。在长诗《堂璜》中也有一篇《哀希腊》，诉说自己为美丽的希腊的沦落而悲哀，同时号召人们团结起来为自由而战。

　　1821年4月，希腊人民掀起了反抗运动，进展得也很顺利，到1822年底开始被承认为独立国家，但由于组织领导者内部的纷争，运动开始趋于衰落。就在这个时候，英国伦敦的一个帮助希腊独立事业的组织"支援希腊独立委员会"的两个人找到拜伦。因为他们听该会委员之一的霍布豪斯说过，拜伦也想参加这个委员会，就来到意大利找他。

　　一个实现自己理想和愿望的机会终于来了，去！

去为希腊而战！拜伦决定去希腊干一番事业，因为他觉得自己不单单是为写诗而活着的，他也十分清楚，对自由的热爱和干出伟大业绩的欲望，是他身内真正的潜质。伦敦的委员会把拜伦选为正式委员，他决定献出自己的财产来援助独立军，并离开意大利的情人和朋友亲赴战争前线。

一个伟大的灵魂的伟大行动开始了，并有一种"壮士一去兮不复返"的豪迈和悲壮。

1823年7月13日，拜伦登上了自己准备的帆船"赫拉克勒斯号"向希腊进发。

8月1日，拜伦到达希腊赛弗罗尼亚的主要港口阿奇斯托利，并在这里停留了3个星期。在这里，拜伦受到了岛上英国军队的招待，对于被英国放逐7年的

希腊——19世纪初拜伦终于踏上了这块古老的土地

积极行动的浪漫主义诗人　拜伦

拜伦来说，这是一件让他激动的事。而且，岛上避难的希腊人都把他当作救世主一样看待，拜伦越发为自己的选择而自豪了。

在这里居住的时间里，拜伦一直以一个军人的标准来要求自己，每天一早起来就开始工作，晚上还挑灯夜读。饮食也极简单和清淡，经常只吃一点干酪和水果。希腊半岛不断派代表前来向他报告和商讨一些事议。在这样清苦的生活和繁重的工作下，拜伦仍保持旺盛的斗志。他觉得他现在非常幸福，因为这是他有生以来最高尚、最有意义的生活。

1823年末，拜伦离开赛弗罗尼亚向希腊半岛进发，并在希腊革命军护航舰的护卫下于1824年1月5日抵达米索朗基城。拜伦穿上鲜艳的紫红色制服，乘坐一只小船向城市划去。他受到了热烈的欢迎，街上礼炮轰鸣，当地的原始音乐响入云端。士兵和居民聚集在广场上，斯坦厄普上校和玛弗洛克达托亲王在营房门口亲自迎接他。

童年时，拜伦就幻想自己有一天能够成为率领千军万马的将军，可那在一个跛脚的少年心里只不过是一个遥远的奢望罢了。而今，面对欢迎的人群，无限感慨涌上拜伦的心头。

拜伦的军事生涯正式开始了。

米索朗基城是一个湿漉漉的草地围绕的小渔村。下雨的时候，街道便成了沼泽，到处都是盐、鱼和泥土的混合气味。而当时希腊的独立政府只是一个空名，革命军队也分散在各地，且大都是没有受过正规训练的队伍。

拜伦身上蕴藏的伟大人格日渐显现出来，他的热情、他的执著、他的坚韧在艰苦的环境中均散发出人格的魅力。

拜伦热情而干练地在各方面进行了巩固希腊解放运动的实际工作，并竭力把这个运动的一切力量配合起来。在这里，他不再是浪漫的诗人，而是一个务实的革命家。他和希腊的领袖们交换意见，对于军事行动所需要的款项、海军的组织和维持、按时发放军饷、粮食、药品、训练新兵等等，他莫不深切关怀。他还捐出资产救济当地不幸的贫民。他采取措施加强军纪，组织交换战俘，并聘请英国专家，以英国的装备帮助建立炮兵工厂和实验室。

拜伦决心建立一支训练有素的革命军，他为此不惜倾家荡产。他对人说："我到这里不是为了寻找冒险，而是为了支持一个民族的复兴，正因为这个民族的地位岌岌可危，人们对于成为它的朋友才感到光荣。"为了树立一个良好的榜样，他要求自己生活简单，伙食也跟希腊军队一样。为了使士兵们能够掌握将由伦敦运来的武器，他花钱聘请德国和瑞士的军官。每天在沼地上进行的军事训练，他也拖着病残的脚参加。

日子虽然过得十分艰苦，拜伦仍充满信心。他写信给好友霍布豪斯说："贫穷是悲惨的，但是比贵族们无聊的放荡要好得多。可喜我已经完全禁绝了，今后也决不会再放荡。我的决心永远不会动摇。"

但是事情并不因为他的信心而变得顺利。伦敦的军械运到后，他发现这只不过是一些粗劣破旧的武器，他还得拖着不方便的脚亲自参加修配的活。等到一切准备就绪，要攻打勒庞托炮台的时候，希腊革命军在其他地方的一些指挥官，由于妒忌这支军队的声名远扬就唆使拜伦麾下的苏里士兵给他出难题。事件虽然平息了，但耗费了半年心血的计划却功败垂成。

现在，拜伦所面临的困难不但来自敌人，而且来自自己阵营的妒忌者。诗人拜伦那多感的心感到不胜重负了。有时他也曾有过动摇，后悔来到这是非之地，想回到久别的故乡去。但是，希腊人民的苦难和心中越来越浓厚的正义感使他重新振作起来。

拜伦从来都是一往无前的战士，而不是怯弱的逃兵，无论前方是黑暗还是光明。后来，英勇无畏的拜伦被所有人一致推举为全军总司令。

1824年4月9日,拜伦收到英国的来信,说希腊的借款有了眉目,这样他就可以组建一支2000人的军队,包括一个新的炮兵旅和步兵团。接到这个消息后,拜伦高兴地和特瑞亚的哥哥甘巴骑马出门。结果走到半路被大雨淋透了,回到驻地后就发起热来。

← 拜伦纪念像

长时间的操劳、超负荷的工作、军队内部对他的谣言,再加上恶劣的环境、粗陋的饮食,使得拜伦的身体虚弱得像一架破损的机器,这场病彻底摧垮了他。

一连几天,拜伦躺在病床上,任由医生们忙来忙去为他诊治。但他心里明白,自己的生命已经走到了尽头。

病情一天天加重,他开始神志不清、说胡话了。但偶尔清醒过来时,他总是对身边的人说,他不后悔自己的选择,也不为生命的丧失而悲伤。他把自己的财产、能力,以致生命都献给了希腊。

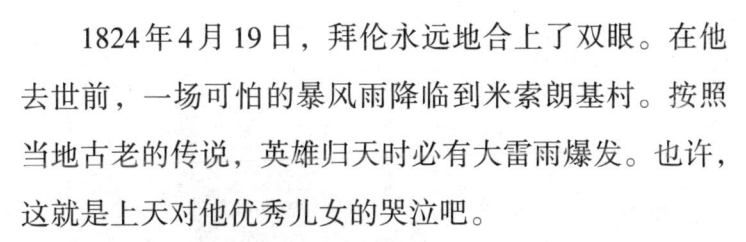

1824年4月19日，拜伦永远地合上了双眼。在他去世前，一场可怕的暴风雨降临到米索朗基村。按照当地古老的传说，英雄归天时必有大雷雨爆发。也许，这就是上天对他优秀儿女的哭泣吧。

拜伦去世的消息传到英国，举国上下都沉浸在悲痛中。珍妮·维尔西在写给苏格兰散文家、历史学家卡莱尔的信中说："如果他们说，太阳和月亮从天国中消失，也不如'拜伦死了'这四个字更使我感到造物的一片可怕和凄凉的荒芜。"

在法国，许多青年在帽子上挂着致哀的标志，在拜伦的大画像前，总有数不清的人们在参拜。巴黎的报纸上说："本世纪两个最伟大的人物，拿破仑和拜伦，差不多同时离开人世了。"

从纽斯台德那个跛脚忧郁的少年到哈罗公学、剑桥大学放荡不羁的风流浪子，从受人攻击被迫离开祖国浪迹天涯的游子，到深受希腊人民敬重的英雄，拜伦的一生极具传奇色彩。

他有时像个天生敏感而任性的孩子，需要人去安抚和关怀。

他有时又像睿智而深邃的老者，以穿透一切的目光俯视世界。

他渴望获得真纯、高尚的爱情，却又风流成性，随处留情，刺伤了别人，也刺伤了自己。

他浪漫的激情使他成为天才诗人，而坚韧不拔的实干精神和正义感使他成为为希腊独立自由而战的将军。

对有些人来说他是天使，对有些人来说他是魔鬼，他的卓越和瑕疵都如此醒目。所以，有人爱他极深，又有人恨他极切。

拜伦不是须仰视才得见的神或完人，他只是芸芸众生中活得真实而具立体感的一分子。

拜伦不是清澈见底、温柔婉转的小溪，而是席卷一切的洪流，他携你一同汹涌澎湃，他毫不隐藏地向你展示他的伟大与渺小、崇高与卑微。

这就是拜伦！

可爱、可恨、可亲、可怨、可信、可叹、可尊、可敬的拜伦！

独一无二的拜伦！

←威斯敏斯特教堂，拜伦被安葬于此。

相关链接

拜伦式的英雄

1813—1816年间，拜伦创作了一组典型的浪漫主义诗歌《东方叙事诗》，包括《异教徒》《海盗》等篇。这些诗以抒情格调为主，抒发诗人自己的感受，诗中描写的环境和情节，都是东方或南欧的，充满异国情调，情节富有传奇性，比较紧张。诗中的主人公都是与社会对立的、孤独的反叛者，被称为"拜伦式的英雄"。这些人物有非凡的性格，追求自由、独立，敢于蔑视现存制度，不向社会妥协，顽强坚定，宁愿为自由而死，不屈辱而生。但同时又十分高傲、孤独，脱离群众，我行我素，因而往往前途渺茫，悲愤忧郁，注定悲剧的结局。他们既是社会的叛逆者，又是社会的牺牲者。这些形象反映了当时诗人自身的苦闷失望情绪和渴求斗争的意愿，表达了广大资产阶级民主主义者的思想感情，有巨大的进步意义。但作者写的这些英雄是个人主义英雄，追求的是个人的自由幸福，表现出无政府主义和忧郁悲观的情绪，反映了诗人思想的局限。

"拜伦式英雄"是个人与社会对立的产物,也是作者思想的特点和弱点的艺术反映。这类人物形象相继出现于拜伦笔下,这对于当时英国的封建秩序和资产阶级市侩社会进行的猛烈冲击,是具有进步意义的。但是他们的个人主义、无政府主义和悲观厌世情绪,又往往会给读者带来消极的作用。俄罗斯文艺批评家别林斯基和诗人普希金都曾指出"拜伦式英雄"的思想弱点及其危害性。